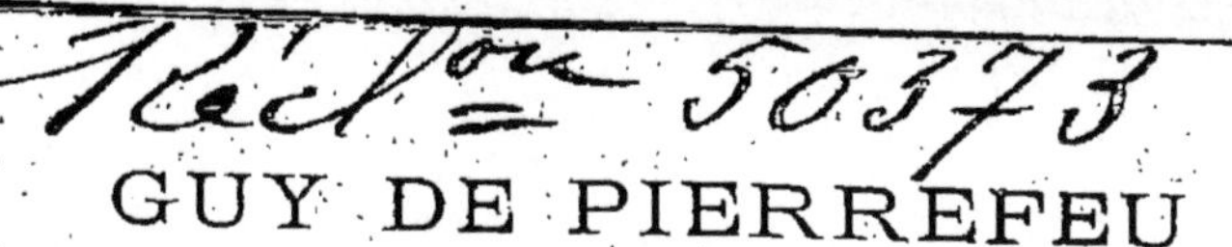

GUY DE PIERREFEU

Le Clergé
Fin-de-Siècle

ONZIÈME ÉDITION

PARIS

E. DENTU, ÉDITEUR

ET 5, PLACE DE VALOIS (PALAIS-ROYAL)

Tous droits réservés.

Le Clergé

Fin de Siècle

GUY DE PIERREFEU

Le Clergé Fin-de-Siècle

PARIS

E. DENTU, ÉDITEUR

3 ET 5, PLACE DE VALOIS, PALAIS-ROYAL

PRÉFACE

L'automme gris et maussade a pris possession de sa lugubre royauté.

Les nuages se confondent avec la mer, et les corbeaux croassent sur les falaises embrumées.

Il faut partir ! La dernière tempête a brisé, comme un jouet d'enfants, les petites cabines dans lesquelles nous rêvions les yeux perdus sur la mer toute bleue. Les vagues n'ont pas épargné la cabine d'Alexandre Dumas, elles ont irrespectueusement couvert Drumont ; il faut partir !

Nous allons retrouver à Paris d'autres tempêtes moins poétiques ; et, comme le disait si bien Drumont en admirant la fureur

des flots : « La nature est gracieuse jusque
dans ses menaces. » La créature ne pourrait pas en dire autant. Sa fureur est faite
de mensonge et d'hypocrisie. La longue et
blanche écume des flots en fureur est rem-
placée pour la créature par la hideuse bave
de la haine. Il y a deux ans, j'ai écrit un livre
qui montrait aux catholiques que l'Épiscopat
était sous le joug de la Franc-Maçonnerie. Il a
soulevé des haines qui ne sont pas éteintes.
Après deux ans, un petit abbé orgueilleux et
mesquin, qui a le toupet de conseiller aux
congrégations de se soumettre à l'odieuse
loi fiscale, vient prétendre que je suis un
séminariste *en rupture de froc* et que Dumay
a collaboré à mon livre.

Vite, oubliant un pêcheur qui poussait
son filet de crevettes, j'écris à ce petit abbé
pour couper les ailes de ce canard.

Ma lettre recommandée eut le sort des
lettres adressées à *l'Univers*. Le *Monde,*

après avoir calomnié, se garda bien de publier ma réponse.

J'aurais pu envoyer un huissier, mais un exploit d'huissier coûte sept francs, ce qui est un prix exagéré pour la publicité d'un journal sans lecteurs. Drumont, indigné, écrivit à la *Libre Parole* ce qui se passait et le numéro du samedi 5 octobre 1895 renfermait l'entrefilet suivant :

LE PETIT ABBÉ DU *MONDE*

On se souvient du bel article que notre ami Turquet fit paraître dans la *Libre Parole* pour répondre à l'abbé Naudet qui est payé par les Juifs pour dire, comme à Saint-Quentin, que la *Libre Parole* est un journal juif. Cet abbé, qui cherche un siège de député, ne trouvant pas un département pour le porter comme candidat, veut devenir évêque.

Il s'est mis tristement à la remorque de Mgr Fuzet, pour prêcher aux congrégations la soumission à la loi fiscale. Il ne pouvait pas laisser passer sans protestations l'article de la *Libre Parole*.

*

Il ne se contente pas de verser son fiel sur le signataire de l'article, il veut atteindre également ceux qui sont en relation avec M. Turquet. *Tant de fiel entre-t-il, etc...* C'est ainsi qu'il s'attire de Guy de Pierrefeu, qui était resté en dehors du débat, cette *lettre recommandée*, qui prouve avec quelle vérité on polémique chez l'abbé Naudet :

Puys, près Dieppe (Seine-Inférieure), 29 septembre 1895.

A Monsieur l'abbé Naudet, directeur du *Monde*.

Monsieur l'abbé,

Je suis assez clairement désigné dans votre entrefilet du samedi 28 septembre, pour réclamer mon droit de réponse.

L'auteur de l'*Episcopat sous le joug* n'a jamais porté un froc. Si vous pouvez prouver le contraire, (et c'est facile à prouver) je m'engage à donner mille francs pour votre journal. Aurais-je porté un froc, *ce qui est faux*, je soutiens qu'il vaut mieux le laisser au séminaire, que de le porter aussi peu sacerdotalement que vous. Dans quinze jours, mon livre *le Clergé fin de siècle*, qui va paraître chez Dentu, prouvera à vos lecteurs qu'il vaudrait mieux, pour l'Église, que vous fussiez *en rupture de froc.*

En terminant, je vous dirai que vous êtes mal

inspiré en parlant *faussement* d'une collaboration avec Dumay. Il me semble qu'en prêchant la soumission aux congrégations, vous êtes devenu un des plus actifs collaborateurs de ce triste personnage.

Merci de me fournir l'occasion d'une réclame gratuite pour mon prochain livre ; car vous connaissez assez la loi pour savoir qu'une réponse doit paraître en même page que l'attaque.

Daniel Auschitzky;

En littérature : Guy de Pierrefeu.

Inutile d'insister sur la mauvaise foi du sous-Fuzet *du Monde*. Les polémiques suscitées par l'*Épiscopat sous le joug* vont reparaître pour le *Clergé fin de siècle*.

Qu'on m'attaque, pourvu qu'on ait la bonne foi d'accepter mes réponses (1). J'avertis cependant mes calomniateurs que j'adore la tempête ! Je la préfère grondant

---

1. Dans les éditions suivantes nous accepterons les renseignements complémentaires ou les rectifications admissibles. Mes correspondants peuvent compter sur ma discrétion.

dans la mer que dans un bénitier. Mais je n'ai pas le choix puisqu'il faut partir!

Adieu donc, mer admirable, mourant poétiquement sur la verdure des prairies normandes. Pour te remplacer, j'aurai la main d'un Naudet quelconque soulevant dans un bénitier l'eau boueuse de la calomnie.

Quand je serai bien écœuré, je reviendrai vers toi oublier la boue des polémistes, en admirant ton écume ensoleillée ou jaunie par la tempête.

GUY DE PIERREFEU.

Villa Sans-Souci, 15 octobre, Puys, près Dieppe (Seine-Inf.).

SAYNÈTE ÉPISCOPALE

AU MINISTÈRE DES CULTES

LE MINISTRE.

Entrez donc, mon cher directeur des Cultes, je vous attendais avec impatience.

DUMAY.

Qu'y a-t-il pour Votre Excellence?

LE MINISTRE.

Vous le devinez. Cette loi sur le droit d'accroissement m'ennuie, et j'ai besoin de vos lumières. Les nouvelles qui m'arrivent sont inquiétantes. Les catholiques veulent résister.

DUMAY, *soulevant les épaules.*

Les catholiques? Dans ce moment, mon cher ministre, ils sont à la chasse, et l'on n'a jamais vu un catholique en villégiature songer à la résistance.

*.

LE MINISTRE

Mais cet hiver ?

DUMAY.

Cet hiver, on dansera.

LE MINISTRE.

L'Épiscopat écrit des lettres menaçantes.

DUMAY.

Je le sais. Nous les recevons toutes à la direction des Cultes.

LE MINISTRE.

Et qu'en faites-vous ?

DUMAY.

Nous les classons.

LE MINISTRE

Alors vous ne croyez pas à la résistance ?

DUMAY.

Si, je crois à la résistance passive.

LE MINISTRE.

Expliquez-moi donc ce que signifie ce terme : *la résistance passive* ?

DUMAY.

Cela veut dire que l'on se soumettra en protestant.

LE MINISTRE.

Vous me tranquillisez, car si les catholiques avaient su s'entendre, ils avaient une belle occasion de créer un véritable mouvement de résistance. Nous voyez-vous obligés de saisir les lits des vieillards des Petites Sœurs des pauvres et les berceaux des orphelines des Sœurs de charité?

DUMAY.

Votre préoccupation a été la mienne, mais au courant de résistance qui s'affirme, j'opposerai un courant de soumission.

LE MINISTRE.

J'y avais songé. Mais pour cela il faudrait avoir un évêque assez audacieux pour conseiller la soumission et cet évêque vous ne le trouverez pas dans l'Épiscopat français.

DUMAY, *soulevant les épaules.*

Allons donc. Je n'en trouverai pas deux, mais j'en trouverai un.

LE MINISTRE.

Où irez-vous le chercher?

DUMAY.

Sur le siège épiscopal de l'évêque Cauchon.

LE MINISTRE.

Fuzet?

DUMAY.

Oui. Fuzet, l'ami Fuzet.

LE MINISTRE.

Il est bien déconsidéré.

DUMAY.

Qu'est-ce que cela fait? Il a la mitre et les événements lui donneront raison. Le premier jour on
dira : l'évêque de Beauvais est un hérétique, le
second : c'est un malin, et le troisième : c'est un
grand homme.

LE MINISTRE.

Mais qui vous dit que l'évêque de Beauvais voudra jouer ce rôle?

DUMAY.

Sans jeu de mots je vous dirai que Fuzet n'a
rien à me refuser.

LE MINISTRE.

Allez à Beauvais...

DUMAY.

Inutile, Monseigneur est à Paris. Il a été rendre
visite à son ami le coiffeur de la rue de Tournon et
dans quelques minutes, il sera ici. Je lui ai donné
rendez-vous.

Un huissier paraît.

Mgr l'évêque de Beauvais demande à parler à
Son Excellence.

LE MINISTRE.

Faites entrer. (*Mgr Fuzet tourne le dos au ministre*)

LE MINISTRE, *bas à Dumay.*

Il entre à reculons.

DUMAY.

Ne faites pas attention, il admire vos tapisseries.

LE MINISTRE.

Il est amateur?

DUMAY.

Comment donc? tellement amateur qu'il a fait placer dans son palais épiscopal les superbes tapisseries qui décoraient sa cathédrale.

LE MINISTRE.

Mais c'est anti-concordataire!!

DUMAY.

Je le sais. Nous avons si peu d'évêques concordataires que j'ai fermé les yeux.

LE MINISTRE.

C'est égal, si semblable aventure était arrivée à Mgr Gouthe-Soulard.....

DUMAY.

Nous l'aurions rappelé à l'ordre.

LE MINISTRE.

.Dans les grands prix. (*Monseigneur se retourne et salue le ministre*.)

LE MINISTRE, *s'inclinant*.

Monseigneur !

MONSEIGNEUR.

Appelez-moi citoyen-évêque.

LE MINISTRE.

Citoyen-évêque, je vous salue.

MONSEIGNEUR.

Citoyen-ministre, je vous le rends.

LE MINISTRE.

Je suis heureux de vous voir pour apprendre ce que les catholiques pensent de la loi d'accroissement.

MONSEIGNEUR.

Le vent est à la résistance.

LE MINISTRE.

Je le disais à Dumay.

DUMAY, *vivement*.

Mais le vent peut changer, n'est-ce pas, Monseigneur ?

MONSEIGNEUR.

Ce sera difficile, car entre nous, votre loi est injuste.

LE MINISTRE.

Peut-être.

MONSEIGNEUR.

Et je me demande comment on pourrait la faire accepter par les catholiques?

DUMAY, *fixant l'évêque.*

Il nous faudrait un évêque qui prêchât la soumission.

MONSEIGNEUR.

Vous n'en trouverez pas.

LE MINISTRE.

C'est ce que je disais à Dumay.

DUMAY, *sévèrement.*

Et j'ai répondu que Mgr Fuzet n'avait rien à me refuser.

MONSEIGNEUR, *tremblant.*

Oui... mais...

DUMAY.

Celui qui n'est pas avec nous est contre nous.

MONSEIGNEUR.

Je le sais.... mais...

LE MINISTRE, *à Dumay*.

Vous voyez bien.

DUMAY.

Voyons, voyons, est-ce sérieux, Fuzet?

MONSEIGNEUR.

Oui et non.

DUMAY.

Comment oui et non?

MONSEIGNEUR.

Vous savez bien que si je pensais vous être utile, je le ferais de grand cœur. Mais une lettre de moi aux catholiques fera l'effet d'un cautère sur une jambe de bois.

LE MINISTRE.

Ça ne marche donc pas à Beauvais?

MONSEIGNEUR.

La situation n'est plus tenable. Croyez-vous qu'il n'y a pas un de mes prêtres qui consente à laisser mon portrait dans son salon (1). C'est le même portrait qui va de presbytère en presbytère pour mes tournées pastorales. Le curé de X... qui vient de recevoir ma visite expédie le fameux portrait au curé de Z... qui va la recevoir, et ainsi de suite

____

1. L'histoire est authentique.

d'un bout du diocèse à l'autre. Aussi, voyez-vous, je ne vous cacherai pas que j'en ai par-dessus les épaules.

LE MINISTRE.

Vous avez cependant des admirateurs. Le *Figaro* a publié dernièrement un article des plus élogieux.

MONSEIGNEUR, *tristement.*

Je préfère encore ceux qui m'attaquent à ceux qui me défendent ainsi. Tous les prêtres révoltés, tous les *monsignori* chassés de Rome sont avec moi. En un mot toute la graine des futurs défroqués demande à germer sur le sol de mon diocèse. Ce pauvre monsignor Bœglin, cet Allemand que le Vatican a fait expulser d'Italie, est à Paris à la recherche d'une position sociale. Il passe son temps à m'encenser dans les feuilles qui acceptent son français tudesque. Et le but? Venir à Beauvais pour me trahir comme il a trahi tous ceux qu'il approchait.

DUMAY.

Vous n'avez qu'à l'envoyer promener.

MONSEIGNEUR.

Ce n'est pas facile. Est-ce que vous croyez que si j'avais pu envoyer promener monseigneur Pujols je ne l'aurais pas fait? Je suis bien malheureux, allez.

DUMAY.

Aussi pourquoi diable vous êtes-vous fourré dans les ordres?

MONSEIGNEUR.

Ah ! si c'était à refaire !

DUMAY.

Avec la souplesse de votre esprit, vous seriez arrivé loin dans la politique opportuniste.

LE MINISTRE.

Je le crois. Vous n'avez cependant pas à vous plaindre. Vous avez une jolie situation. Si je changeais de carrière je voudrais être évêque. Qu'est-ce que vous avez à faire, en somme? Donner votre main à baiser aux jolies femmes.

MONSEIGNEUR, *de plus en plus triste.*

Personne ne la baise ma main. Mes fidèles me fuient comme une brebis galeuse. En fait de châtelains je ne vois que les Rothschild. J'ai vu des mères cacher leurs enfants pour qu'ils ne reçoivent pas ma bénédiction!!! Dans les campagnes on va jusqu'à prétendre que les enfants touchés par moi meurent dans l'année.

LE MINISTRE.

Pauvre Monseigneur !

DEMAY.

Vous voyez, monsieur le Ministre, il faut le changer.

LE MINISTRE.

Sa situation sera la même partout.

DUMAY.

Détrompez-vous. Si Monseigneur était nommé archevêque de Paris, il aurait avec lui toute une catégorie de prêtres.

MONSEIGNEUR.

Les ambitieux!

DUMAY.

Précisément.

MONSEIGNEUR.

En effet, il n'y a qu'à Paris que je puisse réussir. Les prêtres de la capitale sont moins scrupuleux que ceux de la province, et en fermant les yeux sur bien des misères, on peut se créer un parti.

LE MINISTRE, *souriant à Dumay.*

Alors Paris vous sourirait?

MONSEIGNEUR.

Oui.

DUMAY.

Donnant donnant. Si vous voulez Paris, écrivez

une lettre conseillant aux congrégations de payer l'impôt.

MONSEIGNEUR, *soucieux*.

Paris! Paris! C'est un beau rêve, mais le Pape ne voudra jamais me confier cé siège archiépiscopal.

DUMAY.

Nous en faisons notre affaire.

MONSEIGNEUR.

Sûrement?

LE MINISTRE.

Très sûrement.

MONSEIGNEUR, *avec exaltation*.

J'écrirai la lettre, non pas pour être archevêque de Paris, mais parce que je trouve que les congréganistes sont assez riches pour coopérer à la grande œuvre de l'équilibre du budget.

LE MINISTRE, *nargueur*.

Vous trouvez *maintenant* que l'impôt n'est pas inique.

MONSEIGNEUR.

Du tout. En âme et conscience si j'avais été député je l'aurais voté. Donnez-moi vingt-quatre heures et je vous rapporte ma lettre. J'ai besoin de consulter Pujols. (*Monseigneur se lève.*)

LE MINISTRE, *salue.*

Citoyen-évêque !

MONSEIGNEUR.

Citoyen-ministre !

(*Monseigneur sort en regardant les tapisseries.*)

DUMAY.

Hein, qu'est-ce que vous dites de l'ami Fuzet?

LE MINISTRE.

Sincèrement?

DUMAY.

Très sincèrement.

LE MINISTRE, *s'asseyant.*

Il me dégoûte ! ! !

1

L'ÉCŒUREMENT D'UN BON PRÊTRE

Napoléon était un autoritaire. Après avoir mis l'Europe sous le joug de son génie, il avait rêvé de mettre, par le Concordat, le clergé sous le joug d'évêques, eux-mêmes placés sous son joug impitoyable. Le pacte qui réglait les relations de l'Église et de l'État détruisit l'inamovibilité curiale, et de ce jour, on vit le petit clergé de France livré aux caprices de certains évêques. Le curé et le vicaire devinrent les esclaves d'un maître. Le clergé de France fut sous le *joug de l'Épiscopat.*

Pour un oui ou pour un non, le curé ou le vicaire est déplacé comme un cantonnier ou un garde champêtre qui a cessé de plaire. Les exemples nous arrivent chaque jour, prouvant avec une triste éloquence, que le bas clergé est dans une situation qui devrait appeler la sympathie de tous ceux qui aiment le faible ; que ce faible porte une soutane noire, une blouse bleue ou une redingote rapiécée. La première passion qui s'empare de l'âme du prêtre au sortir du séminaire, cette âme deviendrait-elle par la force des événements celle d'un Judas, est la passion de l'apostolat. Conquérir des âmes, sauver des âmes est l'horizon merveilleux qui se déroule devant les yeux naïfs du jeune prêtre.

L'apostolat suppose l'action, le mouvement, la vie.

Le mot d'ordre qui sort des évêchés est au contraire celui de l'inaction, du statu quo, de la sécheresse administrative.

On comprend le désespoir exprimé dans la lettre de ce jeune vicaire du diocèse de Paris, qui, ayant voulu fonder un patronage dans une paroisse populeuse, fut d'abord la risée des vicaires. « Vous ne réussirez jamais, mon ami, lui dit l'abbé H… » « Pourquoi ? demanda mon malheureux correspondant. » « Parce que vous êtes fougueux

comme un lion, alors qu'il faudrait être endormi comme une marmotte. »

L'abbé H... avait raison, le vicaire fut vite
dénoncé par son curé. A l'Archevêché on lui
demande de préciser les faits qui motivent
la plainte : « C'est un turbulent, » répondit
le curé.

Un turbulent! Le mot avait été bien
trouvé.

Le pauvre petit abbé fut envoyé dans une
paroisse de banlieue, et quand il demanda
la raison de sa disgrâce on lui répondit :
« Vous êtes un turbulent. »

Aujourd'hui il confesse les enfants des
sœurs, visite les malades *quand on le fait
appeler*, accompagne les corps au cimetière
quand on paye la voiture.

Ce n'est plus un prêtre, c'est une marmotte. Cette histoire est celle de presque
tous les vicaires de Paris.

Malheur au vicaire qui veut s'immiscer
dans les paroisses à la distribution des aumônes confiées par les fidèles.

Loin de moi la pensée d'accuser les curés
de Paris de garder dans la poche de leur

soutane les sommes importantes confiées
par les paroissiens pour le soulagement des
miséreux ; mais je les accuse hautement de
faire souvent la charité sans tact et sans intelligence.

Sans tact, car la charité paroissiale est
faite administrativement entre deux bedeaux
bourrus. Sans tact, car la charité se fait publiquement et les pauvres sont parqués, à
certains jours, dans un coin de l'église, attendant leur tour d'aumône, sous les yeux d'em-
ployés nargueurs.

Dans certaines paroisses, les pauvres servent même de figurants dans des cérémonies
annoncées à grand fracas. Je pourrais nommer les paroisses où l'on annonce, du haut
de la chaire, que Monsieur le Curé dis-
tribuera les étrennes des pauvres. On voit
alors cinquante ou soixante pauvres, por-
tant au bras des chapelets qu'ils ne disent
peut-être jamais, s'avancer vers l'autel, où
Monsieur le curé entouré de ses admiratrices
distribue une livre de pain, une livre de café
et une livre de sourires béats, oubliant la
parole du Maître : « Que votre main droite

ignore ce que donne votre main gauche. »

Aujourd'hui il est admis, dans presque toutes les paroisses de Paris, de faire la distribution des secours après une messe dite messe des pauvres.

Saint Jérôme faisait la charité plus libéralement quand il ordonnait « de ne pas exclure de l'assistance chrétienne ni les juifs, ni les païens, nos frères dans l'humanité. »

La charité est faite sans intelligence, car nous pensons que l'aumône déposée dans la bourse paroissiale ira soulager le malade qui agonise ou consoler la veuve qui pleure.

Nous pensons que le prêtre, qui va porter le Christ dans les mansardes de nos faubourgs, laissera un souvenir du passage spirituel de ce Dieu vivant. Erreur ! Ce n'est ni le curé, ni le premier vicaire qui vont administrer les moribonds : c'est un vicaire, un pauvre petit vicaire qui se prive parfois du nécessaire pour subvenir aux besoins pressants des malades.

Mais le vicaire, direz-vous, a sa part de distribution dans les quêtes charitables ? Il n'a pas un centime, et c'est *lui seul* qui est en contact quotidien avec les miséreux de la paroisse.

Ah ! si je pouvais donner comme certains paroissiens mille ou deux mille francs pour les pauvres, ce n'est pas dans le tronc de mon curé que je les déposerais, mais bien dans la main du dernier des vicaires de ma paroisse !

Les vicaires ont un casuel restreint, qui ne leur permet pas de donner tout ce qu'ils voudraient donner. Ils n'ont pas, comme le curé, un cadeau forcé pour les enterrements et les mariages. « Un cadeau pour les enterrements ? demanderont avec indignation les paroissiens naïfs. » Oui, un cadeau pour les enterrements !

J'ai eu en main le devis imprimé du service funèbre d'un enfant de treize ans, et sur le devis, j'ai lu avec stupeur : *Cadeau pour Monsieur le Curé : 200 francs.*

O fouet du Christ, fouet vengeur, que Dieu dans sa justice devrait bien faire retrouver comme la croix rédemptrice ! O fouet très saint et très oublié, les catholiques sincères t'enfermeraient dans une châsse d'or avec des

rubis et des émeraudes. Tu serais la relique
du xixᵉ siècle, et, sur les épaules des trop
nombreux vendeurs du Temple, tu parlerais
avec éloquence !

On raconte que Naples possède une relique
miraculeuse, la fiole du sang de saint Janvier. Ce sang rougit à certaine époque, sous
les yeux des fidèles agenouillés. O fouet du
Christ, si jamais on te retrouve, siffle ton cin-
glement vengeur aux oreilles mercantiles
des vendeurs du sanctuaire !

Sur ma demande, un jeune prêtre du diocèse de Paris a voulu m'écrire la sensation
que l'on ressent dans une sacristie parisienne.

Écoutons son original récit.

« La sacristie, avec ses cancans de vieille
fille, et le bruit éternel des gros sous roulant
dans le tablier d'une chaisière osseuse, ou
dans la sébile d'un vicaire bouffi, me donnait des nausées de dégoût. Je regardais
alors, par un vitrail dépeint, un coin du beau
ciel bleu, et j'enviais le missionnaire qui
chantait son credo sur le bord des fleuves, ou
qui plantait son autel de bois à l'ombre des

forêts vierges. J'avais envie de crier ma foi aux peuplades naïves de l'Afrique ou de l'Amérique.

« Je sentais qu'une certaine animosité régnait contre moi dans la paroisse. Le curé seul, brave homme de prêtre animé des meilleures intentions, me comprenait, m'approuvait, m'encourageait. « Que voulez-vous, mon bon ami, me disait-il, en secouant tristement sa belle tête de vieillard, le bon prêtre est comme un lion captif. Le lion veut l'espace et il se heurte à chaque moment aux barreaux de sa cage. Nous voulons le bien et nous oublions que nous sommes dans une double cage, celle du concordat et celle de la routine. » C'était, en effet, le concordat qui permettait, un matin, à la vieille chaisière, de chasser d'une chaise payante, une pauvresse venant prier la Vierge avec ses quatre marmots.

« La pauvre femme qui venait demander à l'ouvrière de Nazareth de lui procurer un peu d'ouvrage, pour donner à manger à son homme malade, n'avait pas les cinq sous que la chaisière réclamait sur ce ton insolent et

agaçant de la valetaille d'église. « Laissez
cette femme prier, avais-je dit, en me re-
tournant vers la chaisière. »

« Il y a un banc pour les pauvres, avait
répondu sévèrement l'intraitable vieille. »
J'avais alors donné pour la pauvresse les
cinq sous impitoyablement réclamés, et
j'avais glissé dans ses mains amaigries la
pièce qu'elle réclamait, depuis dix minutes,
à la Mère des douleurs.

« La chaisière vint alors m'expliquer que
ce n'était pas de sa faute. Elle aussi était
pauvre. La fabrique, comme le concordat
l'exige, avait affermé les chaises pour deux
mille francs de plus que l'année dernière. Il
fallait bien joindre les deux bouts. Et
encore y arrivera-t-on ? L'année est mauvaise, monsieur l'abbé ! Dimanche dernier,
nous avons fait cinquante francs de moins
que l'autre dimanche. Et, depuis un mois, il
n'y a eu que des convois de pauvres, et c'est
cependant sur les convois qu'on se rattrape.

« Enervé par l'exposé de ce trafic obliga-
toire, à deux pas du tabernacle où vivait
Celui qui chassait les vendeurs du Temple,

1.

j'avais repris la lecture de mon bréviaire sans répondre un mot.

« Depuis deux mois, j'avais, en effet, les oreilles saturées des doléances du suisse, des vicaires, répétant chaque matin en regardant le tableau des convois ou des mariages : « Encore un convoi d'indigent ou un mariage de pauvre. Bientôt on ne pourra plus vivre à X... »

« Alors, on se vengeait de cette grève de convois riches, en marmottant hâtivement le *Dies iræ*. Le sacristain apportait en maugréant les deux cierges réglementaires, emblèmes de la lumière éternelle qui éclaire les trépassés : *Lux æterna luceat eis*.

Scandalisé par la froideur de ces cérémonies funèbres, j'avais pris l'habitude, après avoir récité lentement, pieusement, les prières prescrites, de m'approcher de celui qui conduisait le deuil. C'était habituellement un ouvrier pleurant sa compagne de lutte et de misère, ou une pauvre femme abîmée de douleur, suivant le corps du chef de sa nombreuse famille, ou un enfant rachitique mort faute de soins, comme ces plantes étiolées qui meurent étouffées dans un taudis de faubourg. Je prenais la main qui pendait désespérément en dehors du prie-dieu, la serrais avec effusion, et les yeux rougis de larmes du parent regardaient avec étonnement cet homme en surplis qui avait un cœur. « Les prêtres ont donc du cœur ? » me demanda naïvement un charretier qui enterrait sa femme et le petit enfant qu'elle avait mis au monde le jour de sa mort.

« Je ressentis profondément l'humiliation méritée par les fautes des autres. Comme le Christ, l'innocente victime qui portait les péchés du monde, je me tus. *Jesus autem tacebat*. Mon apostolat ne s'arrêtait pas à une rapide poignée de main. Je m'enquerrais devant le cercueil du mort, des besoins des survivants. Et, quand la famille en larmes revenait du cimetière, cherchant sur le grabat ou sur le fauteuil de paille celui ou celle qui pourrissait dans la fosse commune du Père-Lachaise, elle rencontrait le regard consolateur d'un prêtre.

« En cela, j'imitais les pasteurs protestants,

qui ont le tact de promener la sécheresse de leur âme dans les maisons mortuaires de leurs ouailles, riches ou pauvres. Les soutanes et les cornettes encombrent les maisons mortuaires des riches, mais on les chercherait en vain dans le taudis qui abrite la dépouille mortelle d'un pauvre. Je conçus alors l'idée d'une belle œuvre consolatrice. Cette idée me vint après deux convois, qui devaient laisser dans mon âme d'apôtre deux impressions pénibles.

« Au maître-autel, resplendissant de lumières, le clergé, au grand complet, écoutait une belle messe de *Requiem* chantée par la maîtrise. Sous un catafalque, couvert de couronnes, et éclairé de torches jaunes et vertes, dormait une vieille coquine du quartier, qui avait eu la chance de mourir dans les bras d'un amant d'occasion, richissime américain de l'Amérique du Sud.

« Il avait payé royalement les obsèques de sa maîtresse d'un mois. Rien ne manquait à ses funérailles. L'orgue imitait à merveille le bruit des trompettes du jugement dernier, réveillant en présence des anges ce corps de luxure et cette âme de lucre.

« Au moment où un ténor chantait, sous les voûtes du temple, l'invocation au chœur des anges, des archanges, des vierges et des martyrs, un cercueil de sapin attendait sous le porche qu'un abbé voulût bien quitter le corps de la cocotte, pour venir murmurer le *De Profundis*. Vite, un prêtre habitué, un de ces prêtres que la province nous envoie comme des épaves vermoulues, se dirigea vers le cercueil de la pauvresse.

« Ce prêtre habitué, après avoir eu de graves démêlés avec son évêque, vint à Paris chercher fortune. Il fut d'abord précepteur de deux blondins du faubourg Saint-Germain. Il tenait le cerceau de l'un et la balle de l'autre, mouchait le petit et parfois le grand. Il gagnait deux cents francs par mois à ce métier de *bonne d'enfant*. Ce n'était pas assez, il voulut faire du négoce. Il allait fonder une agence matrimoniale, quand il fut frappé d'une attaque de paralysie. Après sa guérison il ne pouvait plus que remplir les fonctions de prêtre habitué.

« Il fut à X... disant les messes tardives, expédiant le dimanche en vingt-cinq minutes sa messe de midi et de une heure.

« En semaine, il conduisait les morts au cimetière dans la voiture de deuil qu'il appelait son landau.

« Il murmurait quelques oremus obligatoires, et discutait ensuite avec le suisse qui tenait la croix, quel serait le gagnant des courses. L'abbé acceptait en effet les tuyaux hippiques de son voisin de landau.

« Ce fut le prêtre habitué qui alla chercher le corps oublié de la pauvresse.

« Une simple couronne de perles noires était posée sur le drap des pauvres mangé de vers et taché de cire.

« Et la couronne, achetée quarante sous chez un marchand du boulevard extérieur, portait ces simples mots : « A notre bonne mère ! »

« Derrière le cercueil de sapin se tenaient cinq enfants, dont l'aîné avait dix ans. Le pauvre petit donnait la main à la nichée mendiante, qui finissait par une petite de trois ans, toute honteuse de montrer en public son tablier bleu recousu avec du fil rouge.

« Le concierge surveillait ce petit monde, plutôt joyeux de se promener par une belle matinée de juin, derrière une voiture traînée par deux chevaux avec un cocher en bicorne noir.

« Le père avait été charpentier, il était mort de la poitrine. La mère avait contracté le germe de la maladie, en couchant sur l'unique grabat, à côté de l'homme suant son mal par toutes les veines de son corps anémié. Les enfants portaient dans leurs joues creuses, et sur leurs lèvres décolorées, le signe maudit de l'héréditaire contagion.

« En sortant du cimetière, où iraient-ils ces pauvres êtres sans famille? Le concierge avait adressé une demande à l'Assistance publique. L'Assistance est tellement publique qu'elle s'intéresse rarement aux besoins particuliers.

« Personne n'était venu au domicile où reposait la pauvresse, gardée par les cinq marmots qui jouaient aux billes, tandis que les mouches voltigeaient sur sa figure décomposée.

« Le prêtre habitué récita son *De Profundis*, comme une machine récitative. L'enfant de chœur n'avait pas fini les répons, que déjà, il commençait un autre verset.

« Ce fut en assistant à ce double spectacle, qu'une belle œuvre germa, dans mon esprit. Pourquoi la pauvresse n'aurait-elle pas sur son corps d'honnête femme, le flot d'encens qui voltigeait sur le cercueil de la cascadeuse?

« Il y avait la fabrique, que dans mon indignation je nommais la boutique, et qui demanderait compte de ce luxe de lumière, d'encens et d'orgue.

« A défaut de ce luxe criard ne pourrait-on pas donner aux pauvres, dans ces cruels moments de deuil, un témoignage de sympathique vénération : une couronne offerte par la paroisse, un bon de repas, assurant à la famille en revenant du cimetière, un pot-au-feu réconfortant. Si, par ordre de la fabrique, l'orgue devait se taire, le prêtre de semaine ne pourrait-il pas aller au logis funèbre, chanter le cantique consolateur de son âme sacerdotale ? Puis, je songeais à ce que devrait être une paroisse populeuse, et à ce qu'elle n'est pas. La paroisse, autrefois, était le centre de la vie de quartier ; aujourd'hui, c'est le refuge de l'égoïsme extatique de quelques vieilles bigotes aigries. Il fallait ressusciter la vie paroissiale, sous peine de voir s'éteindre la paroisse elle-même.

« L'assistance par le travail, que les protestants génevois ont si bien comprise, peut fonctionner admirablement bien dans chaque paroisse.

« Un ouvrier, un domestique honnête, ne devrait pas rester huit jours sans trouver de l'ouvrage dans l'usine, ou dans la famille catholique de l'endroit.

« Je résolus alors, d'obtenir de lire au prône de la grand'messe, et d'afficher à la porte de l'église, les noms des fidèles demandant du travail, et ceux des paroissiens disposant d'un emploi quelconque.

« Le bon curé de X..., mis au courant de mes projets, m'autorisa à faire l'essai de l'œuvre. « Vous rencontrerez des obstacles, mon ami, me dit-il, ne vous découragez pas. »

« Et, comme je demandais d'où me viendraient les obstacles, le curé répondit avec son bon sourire de vieillard paisible : « Naïf, naïf, ce sont les prêtres qui ont persécuté Jésus-Christ, ce sont les prêtres qui ont condamné nos grands saints, ce seront vos confrères qui se moqueront de vous. »

« J'expliquai mes projets de réforme, un dimanche au prône. Quand je revins à la sacristie, mes confrères chuchotaient entre eux. L'un, soulevait les épaules, l'autre, disait de façon à être entendu : « Il veut innover, l'imbécile, c'est le seul moyen de se couler dans le diocèse ! » Le premier vicaire, qui avait chanté la grand' messe, se contenta de dire en aspirant une volumineuse prise de tabac : « J'en fais mon affaire à l'Archevêché. » Et il retira la chasuble de soie blanche, avec la satisfaction de l'acteur qui quitte dans les coulisses une armure de chevalier.

« Je fis semblant de ne rien entendre, et je repris tristement le chemin de mon appartement d'ouvrier.

« Je fus dénoncé à l'archevêché comme un rénovateur. Je dus comparaître devant la mesquine personnalité du promoteur.

« Depuis Luther, nous n'aimons pas les réformes, » dit l'abbé Thomas, avec un sourire qui voulait être spirituel.

« — Vous avez tort, répondis-je, car si l'Église avait fait elle-même les réformes nécessaires, Luther serait resté dans son cloître, et le bercail divin n'aurait pas perdu des multitudes incalculables de brebis. »

« L'abbé Thomas souleva les épaules. Il adorait la sainte routine qui avait fait du dernier des prêtres du diocèse, le juge et l'arbitre de ses confrères.

« J'avais huit jours pour renoncer à mon œuvre. Sur le conseil de mon curé, je renonçai au ministère paroissial. Et, les fenêtres de ma petite villa de X... s'ouvrirent, un beau matin de septembre, devant un prêtre écœuré de la sacerdocratie contemporaine, mais toujours confiant dans le sacerdoce éternel ! »

CHAPITRE II

L'ARCHEVÊCHÉ DE PARIS

On ne se figure pas dans le monde, avec quelle partialité révoltante se font et se défont les nominations ecclésiastiques.

Il y a dans une paroisse de Paris un prêtre éminent, le plus éminent du clergé parisien, un saint dans toute la belle acception du mot, un orateur dans toute la force du terme, un humble qui ne me pardonnera jamais de parler de lui. Ce prêtre, qui recueillit à son dernier souffle le repentir sincère de Littré, a cinquante-six ans. Il n'est pas même premier vicaire de la paroisse qu'il illustre depuis dix-neuf ans!!!

J'ai nommé l'abbé Huvelin. Sa santé ne lui permet pas d'accepter une lourde charge, me répondra-t-on. Soit! Mais, il y a des charges légères à porter, et l'abbé Huvelin devrait être au moins chanoine. Il n'est rien, et c'est sans doute pour cela qu'il est tout. Il y avait une injustice à réparer, je la répare. Il me faut un certain courage, car je mécontenterai surtout celui que je défends.

Par contre, nous voyons un jeune prêtre, connu dans le clergé sous le nom « de fils à papa », il a trente-huit ans, et n'a jamais passé comme les autres dans les paroisses de faubourg. De Saint-Augustin, où le curé couve pour lui la place de premier vicaire, il va comme second vicaire dans la paroisse Saint-Pierre de Chaillot.

Si le cardinal Richard vit encore dans dix ans, l'abbé Chesnelong, car c'est de lui dont je parle, sera curé d'une grande paroisse parisienne, tandis que l'abbé Huvelin ne sera même pas second vicaire.

Quels sont donc les talents de l'abbé Chesnelong?

Il est d'abord le fils à papa. Son papa est le sénateur Chesnelong, qui a rendu de grands services à l'Église, et qui a reçu de l'Église de grands services. *Accepit mercedem suam.* L'abbé Chesnelong quête à toutes les messes, distribuant d'un air béat les sourires et les poignées de main. C'est un bon enfant, un bon petit séminariste à qui je serais désolé de faire du tort; mais le parallèle entre l'abbé Huvelin et lui était nécessaire à établir, pour montrer quels sont les favoris de l'Archevêché de Paris.

Laissons l'abbé Chesnelong, et voyons un autre favori de l'Archevêché.

Trente-cinq ans, gros, grand, frisé, pommadé, l'abbé Rivière a été nommé vicaire de la Madeleine, presque au sortir du séminaire. Et, pendant que des prêtres remarquables sont oubliés dans les faubourgs, celui-ci pavane sa nullité tapageuse dans la première paroisse de Paris. Ses titres?

Très riche et très bien apparenté. Cousin d'un député conservateur de Paris.

Heureusement que, dans l'archidiocèse de Paris, ces injustices pleuvent sur la tête de prêtres soumis.

Tandis que nous voyons de jeunes abbés appartenant à des familles riches, passer sans transition du séminaire dans les grandes paroisses de Paris, nous voyons l'abbé Massard rester dix-neuf ans à Saint-François de Sales, — Saint-François de Sales, la seule paroisse de Paris qui n'ait pas un second vicaire, bien que l'abbé Léris y exerce le ministère également depuis dix-neuf ans.

L'Archevêque de Paris boude, paraît-il, cette paroisse, parce que le curé habite un superbe hôtel qui, je dois l'avouer, n'a rien de sacerdotal. Mais, est-ce la faute des vicaires et des paroissiens?

Et les nominations aux grandes cures de Paris, comment sont-elles faites? En dehors de l'abbé Hertzog, le nouveau curé de la Madeleine, tous les curés nommés dans les cures aristocratiques étaient aussi peu faits pour occuper ce poste que moi, pour chanter à l'Opéra le rôle de Faust.

Saint-Philippe du Roule est devenu un petit coin de l'Auvergne encombrante. Premiers vicaires et curé naquirent dans la patrie des cireurs de plancher. L'abbé Fleuret passe sans transition de Montmartre au faubourg Saint-Honoré. Excellent prêtre, mais nullement homme du monde, il n'a jamais su ce que c'était d'ôter son chapeau devant une femme. Quand par hasard une élégante paroissienne demande à parler à monsieur le curé, il fuit par une porte dérobée en murmurant sans doute : *Retro Satanas.*

Il eût été un excellent curé de Saint-Flour, mais il fait à coup sûr un détestable curé de Saint-Philippe du Roule.

Quelle est la raison de cette nomination ?

Rappeler aux délicats paroissiens de cette aristocratique paroisse qu'il faut avoir la rusticité des auvergnats pour entrer dans le royaume du ciel.

Ce n'étaient cependant pas les curés distingués qui manquaient pour ce poste ! L'abbé Granjux qui fut décoré sur le champ de bataille, et dont la distinction parfaite est légendaire, aurait quitté avec plaisir sa petite cure de Saint-Paul-Saint-Louis qu'il dirige depuis quatorze ans, pour la grande cure de Saint-Philippe.

L'abbé Reinburg, qui est relégué dans un faubourg, après avoir occupé avec éclat à l'Archevêché les plus hautes fonctions, ne

devrait-il pas être récompensé de ses six
ans d'un exil sacerdotalement supporté?
Bien que curé de Notre-Dame de la Gare
l'abbé Reinburg n'est décidément pas dans
le train. Aurait-il eu le tort de voir de trop
près les dessous des bureaux de la rue
de Grenelle?

Si de Saint-Philippe nous allons à côté, à
Saint-Augustin, nous remarquons encore le
choix d'un curé qui faisait très bien aux
abattoirs de la Villette et qui fait très mal au
boulevard Malesherbes.

D'une famille distinguée, récemment
éprouvée, M. Brisset n'exerce aucune
influence dans sa paroisse. Il passe son
temps à déplorer le départ de son ancien
vicaire l'abbé Chesnelong dont il a marié
la sœur avec son neveu. « Mesdames, disait-
il dernièrement dans la chapelle des caté-
chismes, ne trouvez-vous pas qu'il nous
manque quelqu'un ? Oui, il nous manque ce
bon abbé Chesnelong. » Textuel !

Ne quittons pas l'Archevêché sans relater
un incident qui prouve avec quelle désin-
volture sont traités certains ecclésiastiques.

Je vais défendre un prêtre dont je n'ai pas personnellement à me louer. En voici la raison.

La préface de mon *Triomphe de Lourdes* fut faite, on s'en souvient, par l'abbé Vanel, ancien vicaire de Saint-Germain des Prés, qui reçut 500 francs pour son beau et docte travail. Vous jugez de mon étonnement en apprenant un beau jour que l'abbé Vanel bêchait partout mon ouvrage. C'est cependant l'abbé Vanel que je vais défendre. Ce prêtre qui a acquis un certain renom dans des chaires parisiennes a écrit dernièrement un ouvrage sur la tunique d'Argenteuil. Il y a gagné une veste colossale. L'abbé Vanel mettait en doute, comme c'était son droit, l'authenticité de cette tunique.

Nous devons croire à la divinité de Jésus-Christ mais pas à sa tunique.

L'évêque de Versailles craignant que ce livre ne porte tort à son pèlerinage d'Argenteuil demanda à l'Archevêque de Paris de sévir contre son turbulent subordonné.

L'abbé Vanel part en vacance dans la Haute-Loire. A peine arrivé il reçoit un avis lui annonçant qu'il était remplacé à Saint-Germain des Prés et qu'il ne faisait plus partie du diocèse.

Une question se pose. Un archevêque a-t-il le droit de mettre à la porte de son diocèse un prêtre coupable d'avoir émis une idée sincère sur une question qui n'est pas dogmatique ; c'est-à-dire que l'on peut à son gré repousser ou admettre?

A la place de l'abbé Vanel je poserais hardiment la question à Rome. Il serait urgent d'apprendre si nous devons ajouter à notre vieux *Credo* : Je crois en Jésus-Christ qui est mort, qui est ressuscité et *qui a vécu dans la tunique d'Argenteuil.*

Et le personnel archiépiscopal comment est-il nommé ? Prenons un exemple. Quel est aujourd'hui le promoteur du diocèse, c'est-à-dire le préfet de police du clergé ?

Ne rendons pas les fonctions de promoteur plus ingrates qu'elles ne le sont. Un saint prêtre me disait : « Il faut qu'un promoteur ait une foi de granit car il est le témoin de misères écœurantes. » Il semble tout indiqué que l'on revête de ces fonctions

un vétéran du sacerdoce, un loup de sanctuaire qui ne se laisse pas effrayer par les
coups de vent et qui croie au contraire à la
solidité du bateau qu'il dirige en le voyant
résister aux sinistres tempêtes. L'abbé
Thomas a 40 ans, que connaît-il de l'histoire du cœur humain cet enfant gâté du
cardinal, choyé sous la pourpre comme
un poussin sous l'aile de sa mère. Ça, un
préfet de police ! Regardez l'œil, c'est celui
d'un enfant gâté, habitué à ne pas voir plus
loin que le salon de son Éminence.

Hâtons-nous de dire qu'à l'exception de
Paris et de trois ou quatre diocèses les
évêques ont eu le tact de choisir les promo-
teurs diocésains parmi les doyens du chapitre. A la bonne heure ! Quand on a fait une
faute on peut s'en confesser devant des cheveux blanchis par l'âge et la méditation.

Voyez un membre du clergé de Paris
obligé de venir rendre compte de ces faiblesses devant le beau vieillard qui est le
très distingué doyen du chapitre de Notre-
Dame.

Je me mets pour un moment dans la

situation critique d'un prêtre qui a fait une faute. M. de l'Escaille avec son tact de gentilhomme mais son inflexible justice de prêtre intègre, fixe sur moi ses grands yeux vifs sous l'arcade de ses sourcils blancs. Sa taille majestueuse se relève : je tremble.

M. Thomas, dans sa rondeur de chanoine de province, avec le manque de tact du parvenu et l'inflexible partialité du prêtre inexpérimenté, fixe sur moi ses yeux bleus de porcelaine : je soulève les épaules. L'un a de l'autorité, l'autre n'en a pas. On irait chez M. de l'Escaille comme on allait chez saint François de Sales ; on va chez M. Thomas comme on va chez le commissaire de police de Pontoise.

Ce manque de direction nous conduit fatalement à jeter un rapide coup d'œil sur les membres qui composent le conseil archiépiscopal.

A tout seigneur tout honneur. Commençons par le vénérable et très vénéré cardinal Richard.

Le cardinal Richard n'est pas un aigle de génie, c'est une colombe de mysticisme. Sa

laideur physique a des attraits séduisants.
Maigre comme un cénobite, souriant comme
un saint de vitrail, il a les petits défauts de
ses grandes qualités. Il vit à Paris comme
saint Antoine dans son désert. Il n'a jamais
voulu se prêter aux exigences des temps et
des lieux.

Il pardonnera bien des choses à un prêtre,
mais il ne lui pardonnera pas d'être un
remuant.

Pour faire son chemin, il faut adorer
Dieu et respecter la sainte routine. Pas d'in-
novations ! Pas de descentes apostoliques
dans la rue ! La sacristie avec ses menus
détails : messe à telle heure, convoi à telle
heure, mariage à telle heure, conduite du
corps, catéchisme, etc.

Pour être bien vu il faut faire du zèle,
mais du zèle administratif.

Le zèle apostolique ne connaît pas les
étroites limites d'une sacristie, il déborde.
La limite d'une paroisse ne lui suffit pas,
Jésus-Christ lui a ouvert les horizons de
l'humanité.

Pas de zèle ! non seulement vous resterez

dans votre paroisse, mais vous ne sortirez pas de la sacristie. C'est le mot d'ordre !

Aussi ai-je été mal inspiré, me racontait un prêtre éminent, en allant un jour confier au cardinal Richard mes projets de réforme. « Le prêtre ne connaît pas le peuple, Éminence, l'Église s'est trop occupée jusqu'à ce jour de cette bourgeoisie égoïste, mesquine qui regarde le Christ commé le gendarme qui arrêtera le socialisme qui s'avance. Il faut que nous allions au peuple au lieu de l'attendre dans nos sacristies.

« Il faut qu'à l'exemple du divin Maître nous allions chercher la brebis égarée pour la ramener au bercail divin. »

— Le cardinal Richard m'avait écouté, avec ce sourire que certains comparent à tort à un rictus, mais qui est plutôt le signe bien visible d'une âme d'enfant.

« Vous reprochez à l'Église de ne pas aller au peuple, mais nous distribuons à Paris des bons de pain et de viande. Nous avons dans chaque paroisse des fourneaux économiques. Nos conférences de Saint-Vincent de Paul ont accompli des merveilles de charité. Nos Petites Sœurs des pauvres nourrissent des milliers de vieillards, nos Sœurs Hospitalières élèvent des milliers d'orphelines. Le budget de la charité catholique surpasse le budget de la charité officielle. »

Le vénérable cardinal avait raison. L'Église est toujours une mère consolatrice pour ceux qui souffrent. La croix du *divin Supplicié* suscite dans le monde chrétien des miracles de générosité, d'abnégation, de sacrifice. L'Église est toujours la mère de ceux qui pleurent, mais c'est une mère aigrie, avec un cœur merveilleux et un tact très restreint.

La charité, nos curés la pratiquent administrativement entre deux bedeaux chamarrés d'or, alors qu'ils devraient la faire chrétiennement et intelligemment dans les moments de cuisante douleur. Quel est le curé de Paris qui va donner sa bénédiction au pauvre étendu sur son lit d'agonie ou sur sa couche funèbre ? Je le répète, ce sont les vicaires qui sont chargés du soin de l'administration des sacrements chez les indigents. Qu'ont-ils sur le produit des quêtes faites pour les pauvres de M. le curé? zéro sous, zéro centimes. Il serait cependant si intelligent d'apporter, avec le Christ, l'aumône qui permettra de lui sourire même à travers les larmes de la douleur. Il serait si consolant de donner à ceux qui pleurent au pied d'un lit d'agonie la dernière consolation, celle de pouvoir pleurer en paix celui qui va mourir sans songer aux besoins des vivants. « J'avais eu la tentation de développer ces pensées au cardinal. Je n'en eus pas le courage, ajoutait le prêtre. J'aurais cependant dû être compris par le saint Archevêque de Paris qui a dépensé pour les pauvres jusqu'au dernier sou de son important héritage familial, et qui vit comme le dernier des curés de campagne pour pouvoir donner encore. »

En somme le cardinal Richard est un saint, mais un saint qui aurait dû vivre il y a deux siècles.

A ses côtés nous voyons Mgr d'Hulst avec son profil d'oiseau délicatement peint sur un écran de soie noire. Sous Louis XIV il aurait fait les délices de Versailles, et nous apprendrions peut-être par cœur des discours longuement médités pour la chapelle royale.

A défaut de Louis XIV il est le confesseur des princesses d'Orléans et a reçu le dernier soupir du comte de Paris.

Excellent aumônier d'une cour royale il fait un médiocre conférencier de Notre-Dame.

La voix, qui est celle d'une jeune fille, meurt très mélodiquement aux pieds de cette chaire qui tressaillait des accents vibrants du P. Monsabré. Le manteau du moine qui, à certains moments, semblait chez Lacordaire, Hyacinthe, Monsabré des ailes d'aigle, est remplacé par ce ridicule mantelet romain. Le mantelet romain n'a pas de manches, sans doute pour prouver à ces moitiés d'évêque qu'ils sont des prélats incomplets.

Le hasard n'a pas servi Mgr d'Hulst car il a remplacé partout des hommes qui lui étaient supérieurs. A Notre-Dame il remplace Monsabré, à la Chambre il va s'asseoir sur le siège de Mgr Freppel. Il subit fatalement la loi des contrastes, et le contraste n'est pas à son avantage. Sa personnalité diminue quand on regarde dans le passé, elle grandit quand on jette un regard inquiet vers l'avenir. Plus nous allons, plus les hommes nous manquent, aussi dans vingt ans Mgr d'Hulst sera un personnage, Mais il faut qu'il attende vingt ans. Pour le moment c'est très certainement un demi-personnage.

Un prêtre a bien voulu me dicter la conversation qu'il a eue avec Mgr d'Hulst, cette conversation dépeint l'homme mieux que toutes les notes biographiques.

« J'avais contre le prélat romain certains préjugés que je ne demandais pas mieux que de dissiper. On m'avait annoncé une réception glaciale, le prélat ne recevant chaudement que ses supérieurs.

« La visite sans être cordiale (on a souvent parlé de l'esprit de Mgr d'Hulst et jamais de son cœur), fut cependant correcte. Je me trouvais en présence d'un prélat gentil-homme, d'un apôtre académicien. Peu habitué aux distinguos de la scolastique j'avais déclaré que j'étais socialiste. Mgr d'Hulst bondit avec le soubresaut mesuré d'un auto-mate. « Socialiste, mais ce mot est antichré-tien, appelez-vous démocrate, que sais-je.

mais de grâce évitez ce mot de socialiste condamné par le Saint-Siège. » C'était bien l'éternelle bataille de mots avec laquelle nous avons perdu tant de victoires dans le camp catholique. Dans sa teneur grammaticale quelle différence voyez-vous, Monseigneur, entre le mot socialiste et le mot démocrate?

« Pour ma part je trouve le second plus effrayant que le premier. Et que font donc les mots, grand Dieu?

« Tandis que nous consultons Rome et réunissons des congrès pour savoir si nous devons nous présenter au peuple avec le drapeau du socialisme ou de la démocratie, des hommes d'action arborent le premier et remportent des victoires dans tous les pays civilisés. Derrière ce drapeau se groupe cette masse toujours croissante des affamés de justice, de liberté, et de pain. Le peuple, à tort ou à raison, est socialiste. A ce socialisme athée, à ce socialisme étroit, à ce socialisme international, il faut opposer le socialisme du Christ, le socialisme large, et bienfaisant, le socialisme français.

« Le prélat qui n'avait pas offert un siège au petit abbé avança un fauteuil au socialiste chrétien.

« — Vous êtes de l'école de l'abbé Garnier?

« — Je suis plus près de l'abbé Lemire que de l'abbé Garnier, car je suis avec les gens pratiques, et je crois que ce pauvre abbé Garnier qui a un grand cœur, un immense courage, une ardente foi et, de temps à autre, un beau talent, est loin d'être pratique. Son activité dévorante embrasse trop de choses à la fois. Il me représente ces gens qui voulant imiter une masse d'eau s'amusent à couvrir une toile cirée de petites gouttelettes. Les gouttelettes sont éparpillées et ne forment pas le tout nécessaire pour représenter la masse d'eau. L'abbé Garnier sème des petites œuvres d'un bout de la France à l'autre, alors que s'il avait appliqué son énergie et son talent à une grande œuvre sociale il aurait obtenu des résultats inespérés.

« Monsignor d'Hulst qui avait cru avoir affaire à un illuminé vit desuite qu'il avait en face de lui un homme pratique. — Et à quelle œuvre l'abbé Garnier aurait-il dû

concentrer ses forces intellectuelles et mo-
rales?

« — Mais il a eu une idée géniale en
élevant au cœur de la démocratie parisienne cette maison du *Peuple Français*. Il
a une superbe salle de théâtre, il aurait
pu y faire jouer des pièces patriotiques et
religieuses, y former une pléiade de con-
férenciers qui deviendraient les frères prêcheurs laïques de la vérité. Il a un journal
qui répondait à un besoin. Car nous avions
besoin d'une feuille populaire catholique. »
« — Nous avons la *Croix*, répondit le prélat avec un sourire malicieux. » — Je rends
hommage à l'activité des pères Assomptionnistes. Ils ont fait de grandes choses
depuis vingt ans. Les pèlerinages à Lourdes, à Jérusalem, la fondation du *Pèle-
rin* et de la *Croix*. Oui, oui, tandis que nous
nous croisions les bras ils les ont levés dans
un beau geste de résurrection. Ils ont levé
les bras et parfois un peu trop tendu la
main. Mais que voulez-vous, on n'achète pas
des bateaux, on ne construit pas des couvents, on ne chauffe pas des trains, on ne

distribue pas des journaux avec les cailloux
du chemin. Les templiers ont été des religieux soldats, les Assomptionnistes sont des
religieux commerçants. Ils trafiquent, ce
n'est pas douteux, mais ils trafiquent pour
le bien. Le reproche que je leur adresse
c'est de faire rédiger un journal destiné
au peuple par de petits moinillons qui ne
connaissent rien des aspirations de la démocratie contemporaine. »

« Mgr d'Hulst avait toujours son sourire de
mordante ironie. « — Et vous ne leur reprochez pas le Crucifix qu'ils mettent en ve-
dette sur leur journal? »

« — L'histoire du Crucifix confirme ma
thèse. Les Assomptionnistes sont des religieux
marchands. Le père Bailly m'a assuré qu'à
un moment ils ont voulu faire disparaître le
Crucifix, ce qui prouve qu'ils avaient compris ce qu'il y avait de sacrilège à mettre le
divin Supplicié sur une feuille qui est desti-
née à finir dans des endroits nécessaires
mais peu convenables. Le lendemain ils reçoivent un grand nombre de désabonnements.
Les scrupules de la veille tombent devant le

déficit de la caisse. Et voilà comment le Crucifix reste et restera sur ce journal. Un autre
exemple, Monseigneur, un père Assomp-
tionniste, et non des moindres, a reconnu
avec moi que la *Croix* était mal rédigée,
avec un esprit mesquin, une ironie grossière, des arguments parfois ridicules.
« Mais que voulez-vous, la *Croix* mal faite
réussit, qu'est-ce qui vous dit que la *Croix*
bien faite n'échouerait pas ? » Après ça on
tire l'échelle.

« L'abbé Garnier pouvait donc faire un journal appelé à rendre de grands services. Il
aurait dû pour cela y consacrer sa vie. Est-
ce qu'un directeur de journal peut diriger
une feuille à Paris en étant aujourd'hui à
Bayonne, demain à Dunkerque, après demain à Lourdes ?

« Aussi je sais d'une source certaine que
l'abbé Garnier n'a même pas le temps de
faire les articles qu'il signe. Un jour c'est X...
demain c'est Z... Avec ce système un journal
tombe et un journal qui tombe ne se relève
jamais, même quand il change de direction
ou d'opinion politique. Le titre est discrédité.

« — Vous avez l'air très ferré sur ces questions, continua Mgr d'Hulst en étirant avec un geste familier sa petite pèlerine de prélat romain. D'après vous, quel est à l'heure actuelle le bon journal? »

« — Dans le camp catholique je n'en vois pas, Monseigneur. L'*Univers* a fait son temps. Il me représente ces vieilles coquettes qui ne savent pas vieillir. Sous prétexte d'obéir au Pape mais en réalité pour rajeunir sa face ridée, nous le voyons se servir du fard républicain qui lui va horriblement mal. Lâché par ses abonnés qui atteignent à l'heure qu'il est un chiffre dérisoire, abandonné par ses plus fidèles rédacteurs, l'*Univers* devrait savoir vieillir. C'est le seul moyen de conserver le respect que nul ne refuse à la *Gazette de France*, par exemple.

« — Je vois que vous êtes avec la rédaction de la *Vérité?* »

« — Plutôt, mais la *Vérité* est royaliste, et par ma naissance, par mes goûts personnels je ne suis pas un royaliste, Monseigneur, je suis un républicain. Je crois à la République non seulement française mais universelle. Mais je veux le respect des opinions des autres. Je ne veux pas qu'on insulte en ma présence un homme qui a le culte des morts et qui prie sur une tombe aimée. C'est pour cela que très respectueusement, tout en approuvant la politique pacificatrice de notre immortel Léon XIII, je trouve que le cardinal Rampolla a perdu une belle occasion de se taire dans le conflit qui divisait l'*Univers* et la *Vérité*. Donner des conseils politiques nul ne contestera que le Pape en a non seulement le droit mais le devoir, imposer ces conseils comme des ordres c'est outrepasser les limites du droit. En défendant la *Vérité* qui ne partage pas mes idées je sauvegarde l'avenir de mes convictions politiques. Que demain nous ayons un Pape royaliste, il aura donc le droit de nous imposer ses convictions à nous républicains convaincus ? Vous me répondrez que le Pape ne peut s'immiscer dans les questions politiques que pour obtenir le respect dû à César. Mais il faudrait établir où commence César et où il finit. César vit en Italie dans la personne du roi Humbert, ce qui n'empêche pas là cour pontificale de lui refuser les honneurs dus à César. C'est un usurpateur, me dira-t-on. Mais pour beaucoup de Français la révolution a été usurpatrice. Si vous reconnaissez César en France, reconnaissez-le en Italie. Non voyez-vous, Monseigneur, on fait dire au Christ comme on fait dire au Pape des choses qu'il n'a jamais pensées. Quand le Christ prononçait le fameux *reddite Cæsari quod est Cæsari*, il s'agissait d'impôt, c'est-à-dire du droit matériel de l'État sur les sujets administrés légalement ou illégalement, mais le Christ n'a jamais eu l'intention de violenter les consciences, d'obtenir une adhésion forcée. Ce qui nous rendra suspects à la démocratie, c'est qu'on nous représente comme un troupeau discipliné suivant le mot d'ordre d'un étranger. Aujourd'hui ici, demain là-bas. Imposez-nous le *Credo* que les premiers chrétiens chantaient comme nous dans les catacombes, c'est votre droit, mais en matière politique laissez-nous notre liberté d'homme. Vous croyez au roi, soyez royalistes ; vous croyez à la république, soyez républicains. Ce que Léon XIII a fait de merveilleux, d'éternel, j'allais presque dire de divin, c'est de détruire ce vieux préjugé qui consistait à enrégimenter les catholiques dans un seul camp, celui de la monarchie. Mais je ne veux pas que les rôles soient renversés et que les catholiques soient injustement parqués dans le camp républicain. »

« Mgr. d'Hulst, confesseur des princesses d'Orléans, aurait eu bien envie de se lever pour tendre la main au jeune prêtre, mais il se souvint à temps qu'il était un candidat à la mitre, il demeura impassible.

« — Vous vous entendriez parfaitement avec l'abbé Naudet, le nouveau directeur du *Monde*? »

« — Je ne connais pas l'abbé Naudet, Monseigneur. J'en ai cependant entendu dire beaucoup de mal. A Bordeaux il a la réputation d'un ambitieux doublé d'un incapable. Il y a quelque chose qui me trouble dans cette nouvelle rédaction du *Monde*, c'est que l'abbé Naudet ait pris comme bras droit l'abbé Fesch qui a laissé de si mauvais souvenirs, pendant sa courte direction à la

3.

Cocarde. Toujours est-il que je ne crois pas à la réussite du *Monde*, car je ne crois pas à la résurrection d'un journal mort.

« — Enfin quel est, d'après vous, le journal ou le journaliste qui traduit le mieux votre état d'âme? »

J'hésitais à répondre.

« — J'ai deviné, vous êtes Drumontiste?

« — Je ne connais pas Drumont, Monseigneur, mais je suis forcé de reconnaître que si nous avions cinq écrivains comme lui, nous serions les maîtres de la France. Le Christ qu'il présente au peuple nous change un peu de ce Christ pommadé et frisé qu'on nous servait depuis vingt ans dans les feuilles et les congrès catholiques. Ce qui fait la force de Drumont et de ses collaborateurs, c'est que les cuistres qui nous insultent savent que derrière ces vaillants polémistes se cachent des hommes qui tiennent aussi bien l'épée que la plume.

« — Vous faites l'apologie du duel? demanda le prélat avec un air sévère.

« — L'apologie non. Je constate un fait. Je sais que si l'Église interdit le duel elle in-

terdit également l'insulte, et nos journalistes catholiques se sont trop souvenus du
premier précepte et ont trop outrepassé le
second.

« Dans mon appréciation sur la tactique
des rédacteurs de la *Libre Parole*, encore une
fois je constate et je ne juge pas. Bien des
don Quichottes de la libre pensée hésitent à
insulter des catholiques depuis qu'ils savent
que derrière le polémiste se cache l'homme
d'épée.

« Je vois les résultats de l'œuvre de Drumont et je constate que la juiverie *et surtout le
protestantisme* doublés de la maçonnerie per-
dent un terrain immense, tandis que les vrais
catholiques — je ne parle pas des catholiques de salon — gagnent un terrain considérable. Donnez-nous cinq Drumont et
dans cinq ans la France est à nous. »

Revenons à l'Archevêché de Paris.

M. Gardey, curé de Sainte-Clotilde, est un
prêtre éminent qui serait depuis longtemps
évêque s'il avait voulu donner des gages au
gouvernement. M. Captier, supérieur du séminaire de Saint-Sulpice, frère du martyr

de la Commune, est un des prêtres sur lesquels le Saint-Siège fonde les plus grandes
espérances. On espère qu'il va réformer la
ridicule éducation donnée aux jeunes clercs
dans nos séminaires français. Jusqu'à ce
jour on a élevé des hommes qui doivent
voir le mal, comme des statues de pierre
bonnes à orner un autel d'église.

Le séminaire était une serre chaude dans
laquelle on élevait artificiellement des plantes exotiques, sans songer que ces plantes
seraient transplantées le lendemain dans une
terre exposée à toutes les intempéries des
saisons mauvaises.

M. Captier se rend compte des aspirations
de notre époque, et rompant le vieux moule,
dans le quel on fondait étroitement le clergé,
il va l'agrandir de ses mains libérales.
Très ami de l'illustre cardinal Gibbons il
va nous donner un clergé américain, un
clergé qui se mêle intelligemment à la vie
sociale du peuple, qui comprend ses aspirations et ses besoins.

Jusqu'à ce jour Saint-Sulpice avait fait
des âmes et avait oublié de faire des hom-

mes. Avec M. Captier on fera des âmes d'ange dans des corps d'homme. Je défie un clerc intelligent de passer deux ans au séminaire sans qu'il se dise : Il y a une réforme à tenter.

Et d'abord on prétend, dans des cours, qui feraient dresser les cheveux sur la tête à un corps de garde, enseigner au jeune séminariste ce que c'est que la femme. Des demandes et des réponses brutales et surtout bestiales sont lourdement développées pour réglementer les rapports qui doivent canoniquement exister entre un mari et une femme. Tout a été prévu, et j'affirme que jamais Zola n'a atteint le degré de naturalisme dans lequel tombent les éducateurs de séminaire pour enseigner où commence et où finit la légalité des rapports sexuels de l'homme et de la femme. On ouvre à ces jeunes imaginations des horizons faux qui troublent leur esprit, et quand ils se trouvent en présence de la réalité, quand ils ont à panser une plaie morale, ils la pansent lourdement, indiscrètement comme ces vétérinaires de campagne qui après avoir

soigné des bestiaux auraient la ridicule prétention de cicatriser légèrement une égra-
tignure de jeune fille.

Ah ! comme les jésuites sont mieux in-
spirés quand ils ne tolèrent le confessionnal
à leur religieux qu'à l'âge avancé où les
passions se sont endormies dans un cœur
glacé par l'expérience. Mais que voulez-
vous que fasse un jeune prêtre de vingt-cinq
ans poursuivi, jusque dans le confessionnal,
par des femmes névrosées qui prennent un
malin plaisir à appuyer sur des aveux qui
troubleraient l'âme d'un ange ?

Je vois encore ce pauvre petit abbé poursuivi par une femme fort séduisante et qui,
pour l'éviter, avait été jusqu'à lui fermer
brusquement le guichet de son confessionnal, je le vois m'apporter un matin cet
lettre d'une perfidie digne d'Ève :

« Oh ! le vilain miroir ! Croyez-vous, mon
jeune ami, qu'il a eu le mauvais goût de me
prouver ce matin que j'avais une trentaine
de cheveux blancs, et des rides très pro-
noncées sous les yeux.

« Toute en larme j'ai pris mon extrait de

naissance. Et ne le dites à personne, je me suis aperçue que j'avais quarante ans !

« Quarante ans et un cœur brûlant comme le beau ciel de Provence qui me vit naître, quarante ans et le besoin d'aimer, comme au jour déjà lointain où je me donnai toute, sous les regards indiscrets d'une belle lune de miel.

« Maintenant je n'espère plus être aimée que pour les brillants de mes oreilles, les baptistes de mes chemises embaumées, au jour discret d'une veilleuse, moi qui ne comprenais que le don royal d'une chair sans ornement sous la clarté resplendissante des flambeaux allumés ! C'est fini ! Et j'aime toujours ! Et je voudrais me donner toujours !

« Est-il vrai, mon ami (j'en doute beaucoup), est-il vrai qu'il y a dans la pratique de la religion un doux et mystique calmant qui donne aux âmes aimantes la possession réelle d'un bonheur voluptueusement idéal ?

« Est-il vrai que le Christ laisse toujours arroser ses pieds par les cheveux blonds ou grisonnants des pécheresses désabusées ?

« Un mot s'il vous plaît.

« Et indiquez-moi la marche à suivre.

« Où trouver le Christ de Madeleine ? »

Le petit abbé allait se laisser prendre à
ce poulet d'une cocotte. Si vous voulez répondre, lui avais-je dit, répondez par ces simples mots : « Le Christ de Madeleine se rencontre pour les âmes sincères au puits de la
Samaritaine, mais pour les âmes perfides
les douches de Charcot sont plus utiles que
la margelle du puits évangélique. »

J'ai enfin reçu les confidences d'un jeune
prêtre qui a succombé avec une femme
névrosée.

Ce récit, qui est l'éternel récit du prêtre
qui tombe, je le dédie à bien des amis pour-
suivis par des hystériques religieuses.

Ecoutez ce pauvre prêtre qui va entrer
dans quelques jours à la Trappe.

« Mme B... était une blonde aux yeux noirs
dans toute la beauté troublante de la femme
de trente ans. Névrosée jusqu'à la moelle
des os, elle avait l'âme d'un ange et les
appétits d'un démon. Pieuse jusqu'à l'exaltation elle était entrée à dix-huit ans au

Carmel. Dans sa folie mystique elle faisait chauffer son crucifix de cuivre qu'elle appliquait brûlant sur sa chair admirable. Une nuit elle vit dans un rêve un jeune homme venant lui avouer sa passion frémissante. Elle suivit le rêve de cette nuit d'amour, et quitta le cloître des Carmélites.

« Elle retourna chez sa mère, une vieille coquine, qui avait traîné son âme malade dans toutes les stations du vice. A dix-sept ans elle voulut précipiter Jeanne dans tout l'éclat de sa beauté, de sa jeunesse et de sa virginité dans les bras glacés d'un richissime vieillard. La jeune fille eut le dégoût inconscient de l'acte qu'elle allait commettre et se réfugia à l'ombre du cloître. On lui avait dit que sainte Thérèse avait trouvé dans la règle austère du Carmel le calmant aux aspirations confuses de son âme éprise de volupté. Elle fut au Carmel dans un acte d'honnête pudeur. Elle en sortit dans un rêve d'idéal amour.

« Son histoire était l'éternelle histoire du religieux ou de la religieuse qui abandonne son couvent. Les grilles d'un cloître sont moins des grilles austères que des verres grossissants ouverts sur le mirage fascinateur des tentations.

« Dans le monde elle se mit à la recherche de l'idéal entrevu dans un rêve. Elle trouva un névrosé pauvre qui lui donna son âme malade. Comme il était pauvre, sa mère lui fit des scènes.

« Elle habitait le cinquième d'une maison neuve d'Auteuil. Dans cette maison se trouvait un vieillard qui se mourait de jeunesse. Ses cheveux étaient blancs, ses lèvres pendantes, ses yeux éteints ; mais il était riche.

« La mère de Jeanne avait perdu dans le Panama la petite rente que lui avait laissée un amant plus scrupuleux que les autres. Elle avait porté au mont de piété ses bijoux, ses dentelles, le vieux manteau de loutre rapiécé qu'elle portait d'un bout de l'année à l'autre. Désespérée sur le fauteuil crasseux de sa chambre misérable, elle fit une scène à sa fille. « Tu n'as pas honte de laisser mourir de faim ta pauvre mère ? » Comme elle avait demandé ce qu'elle devrait faire pour éviter la misère : « Tu es jeune, tu es belle, tu pourrais rouler carrosse si tu voulais. Le vieux du premier est fou de toi, il est venu ce matin me demander ta main. » Et comme la jeune femme avait eu un soubresaut de dégoût : « Il n'en a pas pour six mois de vie, dit-elle avec un ricanement crapuleux. »

« Un jour qu'il n'y avait pas un morceau de pain dans cette maison maudite, Jeanne accepta les propositions du vieillard. Ils se marièrent en cachette et vécurent un an. Elle fut admirable de dévouement, soignant le vieux qui agonisait. Il mourut dans ses bras avec l'illusion de l'amour.

« Deux mois après, sa vieille coquine de mère rendit au diable sa vilaine âme. Elle fut emportée en huit jours par une attaque d'influenza.

« Jeanne était riche et libre. Elle usa de sa richesse et abusa de sa liberté. Elle eut des alternatives de piété et de volupté maladives. Elle faisait des retraites et s'enfuyait avec un amant de rencontre sous les palmiers tentateurs des rivages méditerranéens. Elle fut un jour prise d'un immense dégoût de la vie. Elle voulut être une femme honnête. Après une cure à Champelle près de Genève, elle ressentit dans ses sens agités une calme et bienfaisante quiétude. Elle loua une petite villa dans les environs de Paris. Elle donna toute l'ardeur de sa passion à dix caniches qu'elle enrubannait de soie rose et blanche, qu'elle faisait coucher dans des niches de peluches bleues. Le matin elle allait à la messe avec un gros missel, faisant des génuflexions devant tous les autels, distribuant d'abondantes aumônes aux pauvres qui la saluaient comme une sainte. Elle avait rigoureusement fermé sa porte aux amis les plus intimes.

« J'étais alors jeune vicaire de la paroisse en question. J'avais écrit un livre. Elle lut mon livre, et voulut me connaître.

« Depuis le paradis terrestre, le fruit défendu n'a jamais perdu pour la femme malade, le goût, le parfum de la tentation cuisante.

« Elle avait goûté de tous les amours. Elle avait abusé de l'inexpérience du tout jeune homme et de l'expérience de l'homme mûr.

Elle n'avait jamais eu l'âme virginale d'un prêtre. C'était le fruit défendu, elle jura d'y mordre avec la passion persévérante et perverse d'une femme de trente ans.

« Des amis intimes avaient eu l'imprudence d'amener, sans me prévenir, Mme B... déjeuner chez moi. C'était un jour sombre d'automne. Selon l'expression d'un vicaire qui avait assisté au déjeuner, Mme X... nous avait illuminés de son sourire. Le compliment était lourd mais très ecclésiastique.

« Ce vicaire, bon vivant pour ceux qui ne vivaient pas avec lui, était méchant comme une vieille fille aigrie. Fils d'une concierge des Batignolles, il s'était fait prêtre pour ne pas cirer les planchers des locataires.

« Il avait ce que le père Didon nommait si bien la sainteté légale. Il n'aurait pas passé un jour sans marmotter sa messe, il prenait l'hostie avec le sans-gêne du lapidaire habitué à tenir des diamants rares. Trésorier de la paroisse, il avait pour mission d'équilibrer le budget. Il poussait à la dépense comme un bon vendeur de bazar.

« Sans y entendre malice, il répondait

franchement aux amis qui lui demandaient
si X... était une bonne paroisse : « Oui, pas
mauvaise. On y meurt beaucoup. »

« Il pratiquait la chasteté, mais avait une
foule de défauts qui, bien que véniels,
étaient mortels pour le prochain. Le manque de charité, a dit un évêque éminent,
est chez certains prêtres la consolation du
célibat. Beaucoup de sacristies sont de véritables boîtes à cancans. Bien des prêtres qui
s'embrassent fraternellement, au moment où
l'officiant de la grand'messe va consommer
les saintes espèces, se mordent en descendant de l'autel. Il faut le constater, la jalousie est un vice ecclésiastique. Tous les
prêtres qui ont un peu de talent sont expo-
sés aux cabales de leurs confrères. L'immortelle figure de Lacordaire n'apparaît dans sa
grandiose et géniale beauté que longtemps
après sa mort.

« Je n'oublierai jamais que, dans ma jeunesse, un père Jésuite a arraché de mes
mains, comme on arrache un roman porno-
graphique, ces conférences de Notre-Dame,
ces admirables plaidoyers de la foi dus au

génie d'un grand homme et à l'âme d'un saint.

« En descendant — je dis en descendant, car Lacordaire occupe des sommets vers lesquels ne montent que les aigles, et depuis sa mort nous n'avons eu que des aiglons, — en descendant nous trouvons d'autres victimes de ce manque de charité ecclésiastiqne.

« Le père Didon et l'abbé Frémont pourraient en dire long sur ce sujet.

« L'abbé Barnabas — c'est le nom que nous donnerons à cet ecclésiastique sans-gêne — voulut savoir d'où venait Mme B., pourquoi elle avait assisté à mon déjeuner, comment nous nous étions connus, de quelle façon elle vivait ? Pour lui, elle avait de trop beaux yeux pour être honnête. Huit jours après, il connaissait par le menu la vie agitée de Mme B. Aux vicaires qui me vantaient devant lui, il répondait en hochant sa grosse tête frisée. Un beau jour il voulut avoir un avancement. Il s'ennuyait à X... Un vicariat était libre dans une bonne paroisse. Il jura de le conquérir. Pour arriver, il faut se rappeler au souvenir de ces messieurs de l'Archevêché. Il s'y rendit un matin avec une recommandation pour le jeune promoteur diocésain. Sous prétexte de confier à son inexpérience le cas un peu risqué d'une pénitente imaginaire, il parla de moi. Une critique qui ne commence que par des louanges ne porte pas. L'abbé Barnabas s'en souvint. Il vanta mon zèle qu'il eut l'habileté de représenter comme exagéré, mon éloquence en-entraînante mais un peu risquée. Puis il débita son chapelet de potins sur Mme B...

« Le lendemain de la visite de l'abbé Barnabas, je fus mandé à l'Archevêché par le promoteur du diocèse.

« Je croyais rencontrer un vieillard, je me trouvai en présence d'un jeune blondin qui avait passé sa vie à ôter et à remettre la mitre du cardinal dans ses tournées pastorales.

« C'est donc ce jeune bureaucrate, pensai-je, qui jugera la conduite de prêtres en cheveux blancs ? C'est lui qui recevra l'hystérique voulant démolir le curé ou le vicaire qui lui a résisté ? Pour celle-ci on sera pleine d'attention. Ses vagues insinuations prendront corps et un beau jour la victime sera impitoyablement frappée pour avoir eu un enfant avec une femme que l'on reconnaît dans la suite avoir 77 ans. Le fait s'est passé à Paris, il y a dix années.

« L'abbé Thomas, qui fait des homélies charmantes sur la dignité du prêtre et sur le respect que les simples fidèles doivent avoir pour les hommes de Dieu, affectait le sans-gêne de certains prélats pour ceux que l'on désigne, cent ans après la révolution, sous le nom quelque peu méprisant de membres du bas clergé.

« C'est cependant dans ce bas clergé des villes et des campagnes que l'on trouve encore les vertus sacerdotales qui donnent à l'Église de France une place à part dans la catholicité.

« Je m'assis sur la chaise qu'on ne m'avait pas offerte. Aux reproches et aux insinuations perfides, je répondis avec une fière dignité.

« Le promoteur vit de suite qu'il n'avait pas en face de lui un de ces prêtres anémiés par l'air dissolvant d'une sacristie. Il avait

4

affaire à un homme fort de son droit, sûr de sa vertu.

« Je n'eus pas de peine à prouver l'honnêteté de mes relations avec Mme B...

« Je rentrai à X... dégoûté de ces bureaucrates diocésains, qui administrent hautainement le clergé de France. Nous sommes dans les mains de quelques enfants gâtés d'un évêque trop faible, pensais-je. Nous sommes à la merci de ronds-de-cuir sans expérience, comme le dernier des cantonniers de village. Je fus pris alors d'un immense dégoût, non pas de l'Eglise spirituelle du Christ qui est intangible comme l'Esprit qui l'anime, mais de cette Eglise temporelle administrée, comme une maison de rapport, par des propriétaires rapaces.

« La généralité des prêtres qui succombent ne succombe pas par les sens. Les uns tombent par orgueil, flattés par une main féminine qui sait habilement cicatriser les blessures qu'une lourde discipline inflige à l'amour-propre. D'autres se donnent par horreur du vide que le célibat procure aux âmes paresseuses. D'autres roulent dans le vice par ce besoin de connaître qui tourmente l'enfant cassant sa poupée pour voir ce qu'elle a dans le corps. D'autres enfin brûlent leurs ailes d'apôtres incompris à cette flamme de l'intelligente délicatesse féminine, qui donne à leurs âmes naïves le mirage d'une illusion partagée.

« J'avais une illusion. Je croyais qu'en allant au peuple nous pourrions le ramener à l'Église. J'avais réuni autour de moi quelques jeunes avocats qui avaient accepté de m'accompagner dans des réunions publiques et contradictoires organisées dans les faubourgs de Paris. Il nous fallait de l'argent pour louer des salles. Inutile d'en demander aux catholiques militants qui sont d'accord avec nos ennemis pour nous parquer dans nos sacristies. Mon bon curé m'avait cependant permis de faire un appel à la générosité des paroissiens. Le matin de ce sermon Mme B..., avait eu un accès d'hystérie, se roulant comme un démon sur la chaise longue de sa chambre embaumée. Et c'était moi qui passais comme un songe devant ses grands yeux

noirs voluptueusement ouverts. Elle résolut
de me voir malgré sa promesse de ne plus
paraître à X...

« La *Semaine religieuse* avait annoncé que
je ferais le prône de la grand'messe. Elle
fut la première dans l'église, se blottissant
sous la chaire comme une chatte dans un
coin préféré. Elle m'avait entendu développer mes plans de rénovation religieuse.
L'occasion était unique. J'avais besoin
d'argent. Elle résolut, comme l'antique ser-
pent, de cacher sa passion sous les fleurs de
la charité pour arriver hypocritement jusqu'à
mon cœur. En rentrant chez moi je la trouvais
installée dans ma salle à manger. Avant
d'avoir eu le temps de lui adresser un reproche elle s'était levée : « Votre discours était
admirable, monsieur l'abbé, dit-elle en agi-
tant sur ses beaux bras nus les cinq brace-
lets d'or qui serpentaient gracieusement
jusqu'aux coudes. On vous a dit beaucoup de
mal de moi, que ceux qui vous ont dit du
mal fassent pour votre œuvre tout le
bien que je veux faire. Vous avez besoin
d'argent, vous l'avez dit en chaire, voici mon

obole. » Et tendant une enveloppe chiffrée, Mme B... me remit très simplement, avec un délicieux sourire, dix billets de mille francs.

« Elle vit de suite que le moment n'était pas venu d'avouer sa passion malade, et comme le trajet avait dissipé la crise d'hystérie elle se retira comme une tigresse qui se fait douce pour mieux dévorer sa victime. L'abbé Barnabas veillait. Il se croisa dans les escaliers avec Mme B..., monta quatre à quatre les cinq étages qui conduisaient à mon appartement, renifla trois fois en disant avec son gros rire faubourien : « Ça sent la femme ici, ça sent la femme. » — « Oui, répondis-je, Mme B... sort d'ici, vous avez dû vous croiser avec elle dans les escaliers. On est très méchant pour cette jeune femme, elle a cependant un cœur d'or, elle vient de me remettre dix mille francs pour l'œuvre que M. le curé m'autorise à fonder sur la paroisse. »

« La vue des dix billets de mille hypnotisait l'abbé Barnabas. « Voilà des aubaines qui n'arrivent qu'aux jeunes vicaires, dit-il, en écarquillant ses yeux sanguins ». J'étais

4.

froissé et je répondis : « Sans doute parce les jeunes vicaires croyant encore au bien à faire tendent la main pour des œuvres utiles. » J'allais ajouter « et que les vieux par trop sceptiques ne tendent la main que pour leur besoin personnel. » J'eus la charité de m'arrêter à temps, mais l'abbé Barnabas était assez fin pour comprendre la mordante ironie de ma réponse. Il promit de s'en venger en continuant son rôle de mouchard archiépiscopal. Mon œuvre, devait tomber comme toutes les belles œuvres non pas sous les coups des adversaires de l'Église mais sous les morsures hypocrites des faux amis.

« Le jeune promoteur admit aussitôt la fable de l'abbé Barnabas. Sous le couvert d'une œuvre impossible à réaliser, je me faisais entretenir par une intrigante.

« La mesure était pleine. Mᵐᵉ B... vint me tendre ses deux bras consolateurs, je m'y précipitai comme un fou. La punition devait suivre le péché. J'eus l'immense dégoût de ma faiblesse et elle eut l'immense dégoût de sa chute. Regardant ma soutane elle s'écria : « Faut-il tomber bas pour succomber avec un prêtre ! » Et superbe dans son dédain, elle sortit en faisant claquer la porte. Je ne l'ai plus revue. Je n'ai plus osé dire ma messe, mais à l'heure où ces lignes vous parviendront j'expierai dans une trappe l'oubli d'un moment, par toute une vie de mortification. »

J'aurai la charité de ne pas nommer le jeune vicaire, mais en cherchant bien sur l'ordo, on s'apercevra d'une place vacante dans le premier vicariat d'une paroisse de la rive gauche de la Seine.

Revenons au conseil archiépiscopal et saluons en passant l'abbé Odelin que le gouvernement, ennemi de la faute originelle, a voulu rendre responsable des opinions de son frère. Saluons M. Biel de la docte, humble et pieuse compagnie de Saint-Sulpice, saluons si vous le voulez MM. Caron, Bureau, Fages, des évêques ternes de demain. On donne le Légion d'honneur aux buraucrates qui ont occupé vingt ans leur rond de cuir ; on donne un évêché aux vicaires généraux qui ont occupé vingt ans leurs fonctions sans créer d'ennuis au gouvernement.

CHAPITRE III

L'influence des curés de Paris devrait être énorme. Nous avons le regret de constater qu'elle est absolument nulle. L'Archevêché doit être rendu responsable de cet état de choses. En effet, prenons les paroisses aristocratiques, il semble tout indiqué que l'on y mette des curés distingués. C'est tout le contraire qui se passe. Nous l'avons vu : à Saint-Augustin on met un gros prêtre de faubourg qui aurait besoin d'un ascenseur pour gravir les nombreuses marches de son autel. A Saint-Philippe du Roule on donne un auvergnat très brave homme mais par trop auvergnat. Il paraît qu'il n'est pas permis de l'être comme lui.

Saint-Pierre de Chaillot avait besoin d'un

curé pour reconstruire l'église, car il est honteux que le plus riche quartier de Paris possède une église dont ne voudrait pas le dernier des curés de sous-préfecture. Qui met-on pour entreprendre cette œuvre? Un timide, un endormi. Je sais bien que M. Ledein a fait construire une chapelle de la Vierge qui ressemble à une vacherie suisse, qu'il a doré les murs de son église comme une statue de campagne. Ce n'est pas cela qu'il aurait fallu pour ce quartier. L'argent manque donc, monsieur le curé? Si vous dites oui, personne ne vous croira, pas même vous.

A Saint-Honoré d'Eylau, pour réparer le déficit du trop prodigue abbé Sisson on donne un curé riche. Jusque-là c'est très bien. M. Marbeau est animé des meilleures intentions du monde. Ce n'est pas une simple église qu'il veut, c'est une cité paroissiale. J'ai vu le plan, on dirait le plan de l'Exposition de 1900.

Il y a des écoles, il y a une église, il y a un presbytère — ce qui ne fera pas grand plaisir aux vicaires, — car ce n'est pas facile de vivre avec ce jeune et autoritaire curé. Il y a des maisons d'œuvre, il y aura peut-être même des maisons de rapport. Depuis six ans les riches paroissiennes sont en extase devant ce plan. En voilà un curé qui a du zèle !

Oui, mais le malheur c'est que M. Marbeau qui a fait le plan le laissera exécuter par son successeur ; car ce jeune prêtre a le talent de flatter l'Archevêché et le ministère pour obtenir une mitre qu'il portera avec la solennité ridicule qu'il affecte dans les cérémonies religieuses.

Par contre le curé de Saint-François de Sales, rendons-lui cette justice, n'a pas comme M. Marbeau la pensée de bouleverser sa paroisse. Il faut dire qu'il espère bien mourir à Saint-François de Sales, car le plus beau palais épiscopal ne vaut pas le magnifique hôtel dans lequel il endort son zèle pastoral.

Saint-François de Sales n'a même pas une école libre de garçons ! L'église de ce quartier est une église de village, avec un autel qui a dû coûter très cher, car pendant deux ans nous avons eu les oreilles saturées de cette phrase : « Pour le maître-autel, s'il vous plaît. » On raconte même qu'un facétieux quêteur dit un jour : « *Pour le maître d'hôtel du curé, s'il vous plaît.* »

Pour être juste il faut dire que M. Van den Brule adore la musique, surtout celle qui est faite par des femmes. C'est dire que les cérémonies religieuses sont fort belles, elles n'ont qu'un tort c'est d'être trop souvent payantes.

Comme musicien je préfère le curé de Saint-Gervais, M. de Bussy. Il aime la musique religieuse, mais la vraie musique religieuse.

Avec une ardeur persévérante ce bon curé s'est demandé comment il pourrait attirer l'attention de Paris vers sa paroisse, perdue dans la rue François-Miron, comme une perle sur un fumier. Il a donné des auditions musicales qui ont révolutionné le Paris artistique.

Les chanteurs de Saint-Gervais sont aujourd'hui illustres. Ils ouvrent l'âme et s'occupent très peu d'ouvrir le portemonnaie.

On se demande peut-être comment je n'ai pas encore parlé de Notre-Dame?

L'archidiaconé de Notre-Dame comprend : la Cité, l'île Saint-Louis et toutes les paroisses de Paris situées sur la rive droite de la Seine. M. Caron, vicaire général, est l'archidiacre de cet archidiaconé. Ce brave abbé est le vrai type de bureaucrate. Si M. Caron n'avait pas été prêtre il aurait certainement été sous-chef d'un ministère quelconque. Je me le représente très bien avec une grecque de velours en hiver et un petit veston d'alpaga en été.

Dans cet archidiaconé se trouve bien entendu Notre-Dame qui est une cure de première classe, ce qui ne l'empêche pas d'être une des plus pauvres paroisses de Paris. Le titre de curé ou de vicaire de Notre-Dame fait très bien en province, mais à Paris c'est une des paroisses les plus détestées par les amateurs de casuel. Et ils sont nombreux ! En dehors des sermons du carême qui rapportaient beaucoup du temps du P. Monsabré et la visite du trésor qui rapporte toujours, le casuel est nul.

M. Pousset, archiprêtre de Notre-Dame, est un prêtre affable, très bien choisi pour être curé d'une cathédrale. Un curé de cathédrale est surtout le maître des cérémonies pontificales. Il présente l'eau bénite au cardinal avec une onction charmante. Il ôterait très bien sa mitre, s'il n'était pas si petit. Mais pour arriver jusqu'au chef du cardinal Richard, M. Pousset devrait monter sur une chaise. Ses confrères le nomment le Petit Poucet. Il sera évêque avant peu et fera un évêque incolore, c'est-à-dire un prélat qui ira loin. Au point de vue de la vitalité des œuvres diocésaines Notre-Dame n'existe pas et ne peut pas exister. Elle se ressent sans doute du voisinage de la morgue.

Mais alors une question se pose : Il n'y a donc pas de vrais curés à Paris? Ce serait une injustice que de soutenir cette thèse.

Nous devons nous courber très bas devant la splendide et illustre figure du vénérable et vénéré curé de Saint-Roch qui n'a contre lui que son grand âge.

Quelle belle figure sacerdotale que celle de ce beau vieillard qui promène depuis cinquante ans son idéal sourire de prêtre dans le sinistre royaume de la misère!

Une simple anecdote peindra le curé de
Saint-Roch. Pendant la distribution de ses
apostoliques aumônes un miséreux vit sur
le bureau du curé un billet de cent francs.
Vite il le prend. Le vénérable abbé Millaud
a vu le geste, il appelle le suisse et fait arrêter
le voleur. Le pauvre diable tout tremblant
va demander pardon.

« Rendez ces cent francs ! » dit sévèrement
le bon abbé Millaud.

Le miséreux rendit l'argent volé.

« Et maintenant, reprit le curé, je vous les
donne, car si vous les avez volés, c'est que
vous en aviez besoin. »

Avec quel tact, il réunit un jour les ex-
communiés de la veille, les comédiens de la
Comédie-Française ! Il profita de l'anniver-
saire de la mort de Corneille pour réunir
vivants aux pieds des autels ceux que
l'Eglise refusait jadis morts. Son discours
reproduit par toute la presse est un chef-
d'œuvre d'éloquence religieuse.

Un poêle, je n'affirmerai pas que ce fut
un poêle Chouberski, faillit, il y a deux ans,
asphyxier le bon curé. Un jeune curé serait

mort. M. Millaud, âgé de quatre-vingt-dix ans, a survécu.

A propos de cet accident un mot d'un de ses anciens vicaires peint tout entier le curé de Saint-Roch : « Il en reviendra, disait-il, car le poêle ne devait pas avoir beaucoup de charbon. Son charbon était toujours chez les pauvres. »

Le vicaire était l'abbé Bonnefoy, aujourd'hui évêque de la Rochelle.

En somme, la belle figure de M. Millaud s'estompe sur le Ciel du diocèse de Paris, comme ces rayons d'un bel été finissant que l'on regarde avec amour en songeant aux sombres nuages de l'automne.

M. Guignard, curé de Saint-Eustache, chevalier de la Légion d'honneur, est un personnage. Très aimé de ses paroissiens, il est seulement respecté de ses vicaires. Mais quand on connaît le monde ecclésiastique c'est beaucoup que d'être respecté par ses confrères, c'est beaucoup parce que c'est très rare.

Notre-Dame des Victoires, la paroisse du Tout-Paris qui souffre, qui prie et qui espère, avait comme pasteur un saint prêtre. On dit que M. Chevojon a toutes les vertus sacerdotales. Très respectueusement (car il mérite d'être très respecté) je lui ferai remarquer qu'il lui en manque une : celle de l'abnégation chrétienne. Depuis longtemps le vénérable prêtre ne peut plus quitter sa chambre et par conséquent ne plus descendre dans son église. Il devrait alors se démettre de ses fonctions curiales. A l'Archevêché et dans sa paroisse on le pense tout bas. En enfant terrible, je le dis tout haut.

Pour être juste nous devons dire que l'Archevêché n'a pas fait un mauvais choix en envoyant à la Madeleine M. l'abbé Herzog.

La succession de M. Le Rebours n'était pas facile à recueillir, ce qui ne l'a pas empêchée d'être très convoitée.

La cure de la Madeleine rapporte en effet au curé de quatre-vingt à cent mille livres de rente. On doit penser avec quel soin le cardinal Richard, qui est un saint, a recherché un curé intègre. Le cardinal Guibert ne voulait pour les paroisses riches de Paris

qu'un prêtre déjà riche. Ce n'est même que
pour ce motif que l'abbé Comte Le Rebours
qui avait une fortune personnelle de soixante
mille francs de rente fut envoyé à la Madeleine. Le cardinal Richard a cherché un
prêtre riche, mais riche en vertu. Il a trouvé
l'abbé Herzog. Les douairières regrettent,
paraît-il, l'abbé Le Rebours, qui, drapé dans
sa cappa-magna de chanoine, glissait majes-
tueusement et très saintement, car c'était
un bon prêtre, sur les mosaïques de son
église, comme un vieux général galant
sur le parquet ciré d'un salon à la mode.
M. Herzog est moins gentilhomme, il est tout
simplement prêtre, et il devient gentilhomme
quand on le compare à ses deux voisins le
curé de Saint-Augustin et celui de Saint-
Philippe du Roule. En un mot, les paroissiens de la Madeleine n'ont pas à se plaindre,
surtout quand on apprendra qu'ils ont failli
hériter du brave, bon, excellent mais très
insuffisant curé de Notre-Dame de Lorette,
M. Caillebotte.

L'abbé Caillebotte est méticuleux comme
une vieille fille du tiers ordre de Saint-Fran-

çois. Son bonheur consiste à faire saluer
bien poliment les enfants du catéchisme, à
leur distribuer de belles images *bien dorées,*
et de regarder si ses vicaires ont la tonsure
réglementaire.

C'est en somme le plus tatillon des curés
de France et de Navarre.

On avait également parlé du curé de Saint-
Paul-Saint-Louis pour la Madeleine. Le
choix n'aurait pas été trop mauvais.

Saint-Paul-Saint-Louis a un curé qui mé-
riterait d'être ailleurs, car il a le vernis suffi-
sant pour être le curé d'une grande paroisse.
Je me souviens qu'il avait séduit ma jeune
imagination quand il venait se reposer à
Arcachon chez notre ami commun le prince
de Béarn. M. Granjux a été décoré sur le
champ de bataille. Plusieurs fois il faillit
être évêque, mais il aimait trop son Paris
pour le quitter, il l'aimait jusqu'à faire de sa
modeste église, un chef-d'œuvre d'architecture! Que de fois j'ai fait des efforts pour
admirer avec lui l'architecture de son
église, une ancienne chapelle de jésuites!
M. Granjux est très aimé de ses paroissiens

et de ses paroissiennes. Il préside d'une façon délicieuse les réunions des dames de charité. Ses vicaires lui reprochent d'avoir trop souvent des accès de goutte. Il paraît que cette maladie taquine un peu le patient et beaucoup ceux qui l'entourent.

On avait également parlé du vénérable curé de Saint-Denis M. Iteney. Voilà un prêtre que l'on devrait un peu récompenser de son fécond et courageux apostolat dans cette ville révolutionnaire.

Ce n'est pas un curé ordinaire, c'est un véritable missionnaire. Comme le disait le saint et toujours regretté Mgr de Ségur : « Les sauvages il n'y a pas besoin d'aller les chercher bien loin, nous en avons à Paris. » L'abbé Iteney les rencontre les sauvages, dans sa populeuse paroisse ! En Chine on envahit la mission mais on respecte l'église. A Saint-Denis les sauvages du conseil municipal envahissent l'église pendant les sermons du carême, blessent les femmes et les enfants qui chantent des cantiques. Tas de crapules !

Et quand le sang va couler à flot, l'abbé

Iteney étend ses deux mains sacerdotales pour arrêter l'effusion du sang. Cette voyoucratie d'estaminet s'arrête devant ce prêtre qui fait du bien.

Allons, Monseigneur, souvenez-vous de l'abbé Iteney qui est depuis 1880 sur la brèche. Il a bien combattu, donnez-lui la récompense qu'il a méritée. Ce n'est pas un *fils à papa*, mais c'est un *fils de ses œuvres*, et ces œuvres sont belles. La belle cure que vous réservez dans l'avenir à l'abbé Chesnelong, donnez-la à M. Iteney, et envoyez un petit peu l'abbé Chesnelong à Saint-Denis. C'est comme ce pauvre abbé Reinburg depuis si longtemps curé de Notre-Dame de la Gare, après avoir fait partie de l'archevêché. Croyez-vous, Éminence, qu'il n'aurait pas mieux fait à Saint-Augustin ou à Saint-Philippe du Roule que les prêtres que vous avez choisis ? Je ne connais M. Reinburg que par une pauvresse du quartier qui me racontait, en pleurant, la charité de celui qu'elle nomme le bon père. Quand il n'a pas d'argent, ce sont ses propres gilets de flanelle qu'il envoie chez les miséreux. Emi-

5.

nence, vous qui avez tout donné aux pauvres,
souvenez-vous du curé de la Gare et remet-
tez-le dans le train.

Oui, oui, nous avons encore de bons prêtres. Bravo, Éminence, pour un de vos derniers choix. Vous avez nommé à Saint-
Médard un vrai prêtre, un grand orateur,
un délicieux poète, un homme d'œuvre !
L'abbé Jouin fait le bien très modestement mais le bien fait modestement est
comme la goutte d'eau qui suinte sur le
roc solitaire. Un coup de vent la précipite
dans le torrent, et le torrent la conduit à
l'océan. L'abbé Jouin a placé la goutte
d'eau de ses œuvres sur le roc oublié des
paroisses où vous l'aviez oublié. Le vent
administratif a porté la goute d'eau à Saint-
Augustin où il fondait la belle œuvre du patronage des écoles laïques.

Aujourd'hui la goutte d'eau est dans
l'océan d'une paroisse de 48.000 habitants.
Et je sais que, d'ici peu de temps, Saint-
Médard sera le modèle des paroisses.

Comment en serait-il autrement ? Elle
possède le modèle des curés.

Ceci nous amène à constater que les paroisses de faubourg sont mieux favorisées que les paroisses aristocratiques.

Croyez-vous que si Saint-François de Sales ou Saint-Pierre de Chaillot possédaient un curé comme le pauvre mais très courageux curé de Saint-Marcel de la Maison-Blanche, ces deux riches quartiers n'auraient pas encore une belle église?

M. Miramont, curé de Saint-Marcel de la Maison-Blanche, a pour paroisse une masure. Si un provincial allait visiter cette église, il serait scandalisé en pensant que Paris tolère que les saints mystères soient célébrés dans une masure que dédaignerait un desservant de hameau. Le cardinal envoie M. l'abbé Miramont à Saint-Marcel de la Maison-Blanche avec mission de construire une belle église.

Le curé a 40.132 paroissiens. Sur ce nombre il y a à peu près 40.000 pauvres. Alors une idée germe dans cette cervelle sacerdotale toujours en ébullition pour le bien : Sainte Anne n'a pas de sanctuaire à Paris ! si je lui en élevais un ? Sainte Anne, c'est la mère de la Sainte Vierge, la Sainte Vierge, c'est la mère de la chrétienté, Sainte Anne est donc la grand'mère de la chrétienté ? Et ce brave curé qui ne peut tendre la main à ses 40.000 paroissiens puisqu'ils passent leur temps à mendier à sa porte, quête dans tout le diocèse pour son église. Il fait comme Mgr Mermillod tendant sa main épiscopale dans toute la France, du Nord au Midi, pour construire sa cathédrale de Genève que le malheureux père Hyacinthe lui a volée pour en faire le refuge des misérables apostats de l'Église (1).

Et tandis que les curés déjà nommés ne viennent même pas tendre la main aux riches paroissiens de leur quartier, M. Miramont se met en route, quête, prêche, envoie des circulaires.

Son église se construit, elle s'achèvera et l'avenue d'Italie aura une basilique quand nos beaux quartiers auront une église de campagne. Il est vrai que nos curés ont des

1. Le curé actuel de Notre-Dame de Genève, M. Cartier, est un ancien curé de l'Ain, jadis dominicain, qui a épousé une buraliste de cette ville. Il n'a pas trente paroissiens.

palais. On ne peut pas tout faire à la fois.

Saint-Ambroise n'a pas besoin d'une église. Ce quartier possède une véritable cathédrale. M. l'abbé Guédon est le pasteur de 84.500 brebis. On le voit, c'est un pasteur qui n'a pas de temps à perdre, et il paraît qu'il ne le perd pas. On lui reproche même d'avoir un zèle trop exclusif. Il veut tout faire par lui-même. Nous avons dit que Saint-Ambroise est une vaste et belle cathédrale. Mais comment remplir les nefs de cette paroisse populeuse ?

Le peuple de Paris adore la prédication, mais la bonne prédication. M. Guédon fonde l'œuvre des conférences d'hommes qui a révolutionné ce quartier. Tandis que les curés de nos paroisses riches nous donnent de mauvais prédicateurs et craignent d'appeler les hommes dans leur église, M. Guédon fait venir au boulevard Voltaire les maîtres de la chaire chrétienne.

Le regretté abbé Charles Perraud oublie sa chaire de Sainte-Clotilde pour venir évangéliser les ouvriers de Saint-Ambroise. L'abbé Frémont, avant d'être l'idole du faubourg Saint-Honoré, réunit à Saint-Ambroise tous les ouvriers du quartier. Maintenant que l'abbé Perraud est mort, que l'abbé Frémont est à l'index du diocèse, les dominicains les plus connus répondent aux invitations pressantes du bon abbé Guédon.

L'abbé Delamaire, curé de Bercy, multiplie également les réunions d'hommes. Certains lui reprochent de vouloir être évêque. L'on peut espérer aux plus hautes fonctions dans cette paroisse qui vit élever l'abbé Larue aux honneurs de l'Épiscopat. Il est vrai que l'abbé Delamaire n'est pas l'oncle des deux Cambons ! Il y a du reste des curés moins intelligents que lui qui briguent les honneurs de l'Épiscopat. L'abbé Dumont, curé de Saint-Merry, a la promesse d'une mitre. « Où la mettra-t-il, me disait un prêtre trop spirituel, il n'a pas de tête. »

L'abbé Sobaux, curé de Montmartre, fait également ce qu'il peut sur la butte révolutionnaire. L'histoire de sa nomination mérite d'être racontée. Le cardinal voulait envoyer dans cette paroisse l'abbé Olmer. Ce prêtre qui a du sang juif dans les veines

a refusé cette paroisse, pensant avec raison
que l'on ne pouvait pas faire ses *bêtites
affaires* dans ce quartier. Il a eu raison
d'attendre, car il a maintenant une paroisse
lucrative.

Ce bon abbé Sobaux a dû se résigner à
prendre une paroisse dont personne ne
voulait.

Je pourrais passer en revue tous les
curés de Paris pour prouver qu'ils ne sont
pas à la hauteur de leur mission. Mais à
quoi bon cette nomenclature ?

En dehors du curé de Saint-Sulpice qui
est un sulpicien, c'est-à-dire un prêtre
humble et pieux ; de M. de Bonfils, curé de
Saint-Jacques du Haut-Pas, qui est la distinction et la bonté faites prêtres ; de M. Le
Monnier, curé de Saint-Ferdinand des
Ternes, qui a écrit une splendide vie de
saint François d'Assise ; de M. Gayrard, curé
de Saint-Louis d'Antin, qui a le tort d'être
un peu trop raide pour ceux qui l'appro-
chent, mais qui n'en est pas moins un
prêtre remarquable ; de M. Hutellier, curé
de Saint-Vincent de Paul qui n'est pas trans-

cendant mais qui est un bon papa ; de
MM. de Bréon, de Montferrier, Gaultier
de Claubry, de Valois, de la Perche, de
Cabanoux, de Bonniot, qui n'ont pour eux
qu'une particule plus ou moins authentique,
les autres curés sont absolument inconnus.

Un curé de Paris devrait être le maître
de son quartier. Qu'est-il en réalité ? Un
simple figurant dans les enterrements et les
mariages... de première classe. Ce n'est
pas assez.

CHAPITRE IV

C'est surtout en province que les prêtres ont à souffrir de l'autocratie concordataire mais anticanonique des évêques.

Nous voyons les humbles desservants de nos campagnes sous le joug de châtelains qui tiennent eux-mêmes l'évêché sous leur joug. Il y aurait tout un livre à écrire sur la situation intolérable qui est faite à nos pauvres petits curés de campagne.

Dans l'Oise et les départements limitrophes, ce sont les châtelains juifs qui sont les maîtres. Dans l'Oise, les Rothschild sont tout-puissants.

Mgr Péronne, l'ancien évêque de Beauvais, et le nouveau Mgr Fuzet ont leur chambre au château des Rothschild. Quand

un curé fait à l'évêque une timide et respec-
tueuse observation, celui-ci lui répond :
« Que voulez-vous, quand nous allons coucher chez les Rothschild, nous trouvons sous
notre traversin plusieurs billets de mille
francs pour nos œuvres ! »

Voilà une histoire authentique et qui
embaume ou plutôt qui empeste le judaïsme.

Mgr Péronne, quand il avait besoin d'argent, télégraphiait à la vieille Mme de Rothschild : « Serai votre hôte ce soir. »

Et de ses doigts crochus la vieille baronne
fourrait une poignée de billets de banque
sous le traversin épiscopal.

Je ne jette pas la pierre à l'évêque. A sa
place j'aurais été coucher toutes les nuits
chez la baronne, afin de faire restituer aux
pauvres la faible partie de l'argent volé.

Puisque nous sommes à Beauvais, restons-
y pour tâcher de sonder l'âme épiscopale
du triste évêque de ce diocèse. Une question
se pose au premier abord : Mgr Fuzet a-t-il
la foi ? Un personnage qui l'approche de
très près m'assure qu'il ne l'a pas. Alors tout
s'explique, même son affiliation, pendant

qu'il était évêque de Saint-Denis à une loge maçonnique. Je n'ai jamais pu croire que monseigneur fût franc-maçon, mais si réellement il n'a pas la foi, je crois très sincèrement qu'il est un vulgaire frère.

Et pourquoi ne le croirais-je pas ? Il n'y a rien au monde de plus méprisant, de plus vil, de plus bas qu'un prêtre qui prêche des dogmes auxquels il ne croit pas.

J'excuse toutes les faiblesses humaines, j'excuserai même jusqu'à un certain point les histoires que l'on raconte au sujet d'un portrait donné par l'évêque de Beauvais à un coiffeur de la rue de Tournon, mais je n'excuse pas un évêque confirmant, dans une foi qu'il n'a pas, les fidèles soumis à sa juridiction. C'est monstrueux !

Si Mgr Fuzet n'a pas la foi, on comprend le mépris de ces vénérables chanoines de Nîmes qui refusèrent de l'assister au saint autel.

On comprend l'indignation de ces pauvres curés de l'Oise qui m'écrivent des lettres navrantes sur des actes d'un arbitraire révoltant.

On comprend son amour pour le triste Dumay.

Ah ! ce Dumay c'est un des hommes les plus solides de l'administration que l'Europe nous envie. Depuis cinq ans des prêtres naïfs lèvent les bras au ciel en disant : « Je ne comprends pas comment Dumay est encore à la direction des cultes. »

Quand on répond à ces braves ecclésiastiques :

« Mais Dumay est un franc-maçon militant, couvert, protégé, défendu par les loges » ils ajoutent : « mais le nonce devrait agir. »

Et oui, le nonce devrait agir pour demander au gouvernement de chasser ce singulier directeur des cultes qui dit à un journaliste que le cardinal Richard est un imbécile et qui montre à tous les dossiers les plus secrets de l'Episcopat. Le nonce se tait, et il se tait parce qu'il ne peut pas parler.

Vous ne savez pas ce que c'est qu'un nonce en France ?

Un nonce, c'est un ambassadeur envoyé par le Pape pour prendre une tasse de thé à cinq heures chez les royalistes et pour souper le soir chez les républicains.

Comment voulez-vous qu'il proteste, il a toujours la bouche pleine ?

Revenons à Mgr Fuzet.

Il faut être couvert par le gouvernement et être dans le secret du ministère pour écrire la cynique lettre sur le droit d'accroissement. Ce que je ne comprends pas ce sont les polémiques qui suivirent la publication de cette lettre.

L'évêque de Beauvais savait très bien par son ami Dumay que les supérieurs des ordres religieux, qui poussaient à la résistance, entamaient déjà des pourparlers avec le ministère pour ne payer que la moitié de la taxe. Les journalistes catholiques qui prétendent que Mgr Fuzet est franc-maçon auraient dû se dire : « Halte-là, modérons notre ardeur ; si Fuzet dit ça, c'est parce qu'il est sûr de ce qu'il dit »

Aussi a-t-il dû bien rire à Cauterets, entre deux verres d'eau minérale, en apprenant

qu'un jésuite l'avait stigmatisé du haut de
la chaire.

Son ami Dumay avait dû l'avertir que les
jésuites seraient les premiers à payer l'impôt. Oh ! ils pousseront à la résistance, ils
citeront des versets des Pères de l'Eglise pour
soutenir les naïfs au combat, mais vous ne
verrez jamais un jésuite laisser saisir un
couvent. C'est bon pour les dominicains et
les capucins.

L'article 7 a été fait contre les jésuites,
les ordres religieux ont été assez naïfs pour
se solidariser avec eux. Les jésuites n'ont
pas quitté leur couvent.

Qu'est-ce qui a souffert de l'article 7 ?
Les moines. Aussi le jésuite de Cauterets
a-t-il été mal inspiré de parler de résistance. Nous connaissons la résistance des
jésuites et Mgr Fuzet aussi.

Le sermon du P. Eyraud a dû lui faire
plus de bien que sa cure médicale. Oui,
pour une fois Mgr Fuzet a été un homme
habile en prêchant une soumission décrétée
d'avance par les supérieurs d'ordres religieux. Et si quelque chose a pu relever sa

réputation c'est sa fameuse lettre. Il reste
un prêtre douteux, un mauvais évêque,
mais il apparaît comme un homme perspi-
cace. « Payez, » disait-il. «Nous ne paierons
pas, » ont répondu les ordres religieux.

Si les religieux payent, et je crois qu'il
leur sera très difficile de ne pas payer,
Mgr Fuzet se frottera les mains en regardant avec son sourire sceptique les belles
tentures qu'il a fait enlever de sa cathédrale
pour en meubler son palais épiscopal.

Et maintenant quittons ce pauvre diocèse
de Beauvais, il ne fait pas bon, paraît-il,
d'y rester longtemps.

Il n'y a pas que les châtelains juifs qui font
peser un joug impitoyable sur les faibles
épaules des desservants; les nobles et les
parvenus catholiques s'y entendent également.

Pour certains le curé de campagne est un
être créé par Dieu pour faire la partie de
whist de monsieur le comte et venir dire la
messe dans l'oratoire de madame la douairière.

Si un curé résiste, vite monsieur le châtelain fait atteler son landau et court à l'évêché.

Ceci n'est pas une histoire inventée, elle se passe dans l'aristocratique diocèse de Vannes dirigé par Mgr Bécel.

« Monseigneur, dit le châtelain, je viens vous demander le changement de notre curé ! » Il s'agissait du curé d'Aradon dans la presqu'île du Morbihan.

« — Pourquoi, monsieur ? »

« — Monsieur le curé a rencontré ma femme et ne l'a pas saluée. »

« — C'est bien, monsieur, il sera fait droit à votre demande. »

Le lendemain le curé fut mandé à l'évêché où on lui annonça qu'il allait être déplacé s'il ne faisait pas ses excuses à la châtelaine d'X. Le malheureux desservant explique sa conduite. Mme X., qui possède à Paris un grand magasin de nouveautés, avait dit en public : « Ce petit curé nous résiste, et il oublie qu'il est le fils de notre vacher. »

Le curé, rencontrant le lendemain la châtelaine, crut devoir la saluer sans lui adresser la parole.

« C'est possible, mon ami, répondit Monseigneur, mais il faut que la cure et le château vivent en bonne intelligence. »

Le desservant refusa de faire des excuses, et il est aujourd'hui en disgrâce dans un petit hameau du Morbihan.

Par contre, la châtelaine a un curé qui va faire enregistrer ses bagages quand elle vient à Paris.

Hâtons-nous de dire, pour faire une peinture fidèle, que tous les curés de campagne ne sont pas des modèles d'urbanité. Il y a des rustres qui dépassent les limites permises à la rusticité. Il y en a qui ont encore le mauvais goût d'interpeller en pleine chaire la jeune fille qui a été au bal du village ou la châtelaine qui arrive en retard.

Il y en a qui ne pouvant pas mettre les pieds dans une chaire (leur église étant trop pauvre pour se payer ce luxe) mettent les pieds dans le plat pendant un prône d'une heure. Allusions déplacées, comparaisons de mauvais goût, rien ne manque à ces exhortations qui paraissent avoir été méditées par un pilier de caboulot plutôt que par un

6

pasteur d'âmes. Dans ces cas les évêques devraient défendre à ces énergumènes de commenter l'Evangile du très doux Jésus. Ils
devraient se contenter de le lire. On ne
verra pas alors le diamant évangélique,
présenté dans un écrin de bouse de vache.

Puis il y a des desservants qui boivent,
c'est incontestable. Les conférences ecclésiastiques dans certaines communes servent
de prétexte saint à ces *soulographies* ecclésiastiques. Même en admettant ces rares
travers excusables, quand on pense à l'ennui
de douze mois d'évangélisation au milieu de
ces brutes de village, c'est encore dans nos
presbytères de campagne que l'on rencontre
les grands dévouements et les saintes abné-
gations.

Le joug du château imposé par l'Episcopat
est terrible, mais il y en a encore un qui est
plus dur à porter c'est celui du tyranneau
de village, ami du député ou d'un fonctionnaire influent.

A Digne le diocèse de Mgr Servonnet qui
est le héros de ma pièce, *l'Episcopat sous le
joug*, un brave prêtre s'étant permis de dire à

propos du candidat de l'évêché, le juif Reinach : « Un chrétien ne doit voter que pour un chrétien » fut dénoncé à l'évêché par le maire de l'endroit.

Huit jours après, il était envoyé dans une petite cure de montagne couverte de neige pendant une grande partie de l'hiver. Le prêtre ne souffla mot et m'écrivit à propos de ma pièce : « Je suis une victime du joug judaïque, mais je ne me plains pas. Les juifs ont forcé les princes des prêtres à faire gravir le Golgotha à mon maître, le juif (M. Reinach) a forcé Monseigneur (l'évêque de Digne) à me faire gravir une haute montagne. Je vois de haut l'indignité des hommes. »

A Digne on est frappé pour être ultramontain, à Séez on l'est pour être libéral.

Voici un brave petit curé fils de républicain, républicain avant le pape, républicain comme le pape, c'est-à-dire partisan du régime, ennemi des abus de ce régime.

Mgr Trégaro le laisse croupir dans une paroisse où il a dix baptêmes et deux enterrements à faire par an. Et quand ce curé

demande de l'avancement on lui répond :
« Vous êtes trop républicain. » Le brave
homme répond : « Mais le Pape aussi est
républicain. »

Savez-vous ce qu'on lui répond : « Nous
nous fichons du Pape. »

Cette parole a été prononcée par un prêtre
de l'évêché qui n'a pas été désapprouvé par
Mgr Trégaro.

Mais s'il fallait raconter tous les actes
d'arbitraire de ce diocèse mené par un évêque qui aime à dire de lui-même « qu'il est
un loup de mer », nous verrions qu'il n'a pas
changé de fonction, et, qu'après avoir vogué
sur la flotte en qualité d'aumônier, il vogue
maintenant sur une galère.

A qui la faute?

A vous de répondre, Monseigneur. Ne
perdez pas cette belle occasion de protester
avec la fougue qui fait de vous un excellent
batailleur.

Un seul évêque, on s'en souvient, a cru devoir protester contre *l'Episcopat sous le
joug.*

Par malheur, cet évêque s'est immédiatement contredit par un ecclésiastique dans la *Libre Parole*, au sujet précisément des faits dont il essayait de se disculper.

Mgr Trégaro voudra bien croire que nous n'obéissons à aucune animosité personnelle en croyant devoir le mettre en scène de nouveau. L'exact et unique souci de la vérité nous oblige à le choisir comme le représentant le plus parfait de l'arbitraire épiscopal, en cette fin d'âge où rien ne peut être comparé au césarisme d'en haut dans l'intéressante profession de « dompteur », sinon le panurgisme d'en bas dans l'empressement des Français à abdiquer toute liberté, tout droit, toute initiative. N'y a-t-il pas là, en fait d'activité sociale, un digne pendant au contraste qu'Edouard Drumont signalait récemment en fait de choses gouvernementales : « Dans notre France, devenue à la fois chimérique jusqu'à la déraison en politique, et prosaïque jusqu'à la brutalité dans la vie ordinaire, les choses vont d'un train... » (1). Sur toute la ligne, la France a perdu son équilibre et son bon sens légendaire, aussi

1. La *Libre Parole*, 19 octobre 1894.

6.

bien que sa vigueur et son énergie. Nous en sommes à ce point critique des peuples en décadence que Le Play caractérisait en les appelant des « sociétés instables ». Il y a lieu de trembler pour l'avenir, à moins que nous ne changions de système.

Parmi les survivants de la dernière génération catholique, défunte, hélas! avec son haut esprit d'entreprise et de lutte, — il n'est personne qui ne se souvienne des conquêtes et des progrès enlevés de haute lutte par l'enseignement chrétien. Parmi nos établissements d'instruction secondaire, plusieurs avaient su se composer un corps enseignant ecclésiastique spécialement remarquable.

C'est ainsi que le Petit Séminaire d'une humble ville épiscopale normande, le bourg de Séez, était devenu l'une des maisons les plus justement florissantes de la France entière. On comptait parmi ses professeurs une dizaine des auteurs les plus estimés des éditions classiques de « l'Alliance ». MM. les abbés Maunoury pour le grec, Lejard pour le latin, Couval en histoire, Dupont en géographie, Mallet dans l'archéologie religieuse, Nourry dans l'art dramatique chrétien formaient, avec plusieurs autres, une pléiade éminemment respectable et d'ailleurs universellement considérée, même dans les sphères universitaires. Sous leur impulsion le Petit Séminaire de Séez avait étendu sa renommée jusqu'à l'étranger. Il y venait des Allemands, des Anglais et des Suédois. La colonie parisienne y était toujours nombreuse; et ceux de ses anciens élèves qui, n'étant pas entrés dans l'état ecclésiastique, avaient su conquérir, grâce à leur formation, un rang éminent dans la bourgeoisie, se faisaient un devoir et un plaisir de confier leurs enfants aux mains habiles dont ils avaient reçu une si solide instruction et un si bon esprit.

Les choses marchèrent de ce pas, tant que le diocèse fut dirigé par Mgr Rousselet. Prélat pontifiant d'une sagesse réservée, il avait le bon sens de laisser agir à leur gré des subordonnés plus compétents que lui. Telle devrait être la vertu dominante de ces dignes incapables, aussi nombreux aujour-

d'hui que sous l'Empire, qui semblent au
contraire jaloux de faire oublier leur nullité
par une politique tapageuse et vexatoire,
faisant tout marcher à la baguette au hasard
de leur caprice, accumulant ainsi les fautes
objectives et les méconftentements personnels, sans se douter que leur figure n'en sera
pas grandie dans l'histoire. Qu'ils imitent
donc le flegme paternel, les allures de grand
seigneur indifférent, qui étaient la caracté-
ristique de Mgr Rousselet, s'ils ne sont pas
de taille à bien diriger les choses. C'est de
lui qu'un grand sculpteur, son ami intime, a
pu me dire un jour : « En vérité, nos évêques font bonne figure. Si la tradition du
siècle précédent est oubliée par notre aristo-
cratie décadente, ce sont eux qui la conser-
vent. L'épiscopat est la première situation de
la France. Quel sort privilégié ! Passer sa vie
dans les splendeurs d'un palais (celui de
Séez est magnifique), parmi les adulations
de tout ce que la province compte de plus
distingué, sans avoir œuvre à faire de ses
dix doigts... » Le malheureux pensait faire
grand éloge de nos évêques !... Eh bien oui,

c'est à choisir : ou sachez diriger votre église, votre clergé, vos œuvres, et faites-le avec autant de génie que de bonté; ou retranchez-vous dans le sybaritisme dévot de votre chapelle aux tentures d'or, dans l'utile occupation de faire baiser votre main aux duchesses ; mais de grâce ne soyez pas un mandarin! Ne vous croyez pas capable de tout juger en dernier ressort dans la machine compliquée de vos institutions diocésaines: n'usez pas sans mûre réflexion, sans conseils multiples, sans causes majeures, de votre pouvoir discrétionnaire! Oh! un homme qui se permet de juger d'autres hommes, disait George Sand! Il est vrai vous vous croyez inspiré de Dieu. C'est ce que nous allons voir.

Mgr Rousselet disparu, tout le monde se félicita de voir apparaître Mgr Trégaro. Gloire militaire, sonorité du nom, caractère de marin, solidité de carrure, rien ne manquait à cet aumônier en chef des armées de Chine, qui avait mille exploits à son actif. Lors de son intronisation, plus de cent arcs de triomphe entremêlaient son nom et celui

de la forteresse de Palikao, sa devise, l'an-
cre marine et celle de l'Espérance… Ce fut
un débordement.

Mgr Trégaro peut être assuré que nous
n'avons rien diminué de notre estime pour
son grand mérite, la netteté du verbe, la
résistance du front. Nous nous proposons
simplement de rapporter les actes de son administration relatifs au Petit Séminaire de
Séez.

Malgré la valeur toujours incontestée du
vieux corps professionnel, on sentait depuis
quelques années la nécessité de faire subir
une certaine évolution aux vieilles méthodes
d'instruction et aux anciens programmes
d'études, pour bénéficier des méthodes nou-
vellement découvertes et pour pouvoir lut-
ter contre l'Université avec les programmes
du baccalauréat. Ceci n'était point une ten-
dance aussi funeste que quelques-uns voulu-
rent le croire : tout l'enseignement congré-
ganiste en reconnaissait également l'urgence.

Cependant, il y avait une exagération à
craindre : et les professeurs qui avaient fait
la gloire du Séminaire de Séez tout en se pré-

tant volontiers à l'évolution dans ce qu'elle avait de nécessaire, opposaient une certaine résistance à l'élan inconsidéré de quelques nouveaux venus, trop férus de progrès moderne et incapables de juger avec sagesse la mesure qui s'imposait dans la réalité de la situation.

Ils furent expulsés par le césarisme de Mgr Trégaro.

N'hésitons pas à le dire, ça été une honte et un scandale, parce que cette expulsion s'est faite avec brutalité, sans considération d'aucun genre, sans cause suffisante, sans égard pour les services rendus, sans récompense pour le dévouement prodigué, mais avec mépris et indignité, avec aveuglement et infamie, comme s'il se fût agi de valets au service de l'empereur d'Allemagne. Ah ! comme il est heureux que ces gens-là, pour la plupart, fussent des saints, qui ont tout accepté sans protestation, avec la seule douleur de voir une belle œuvre périr parce qu'ils étaient seuls capables de la rénover !

Mgr Trégaro avait, à vrai dire, le triple tort d'être né Breton, d'avoir subi et fait subir toute sa vie le régime militaire, enfin d'avoir constitué comme son *alter ego* un secrétaire particulier de même race et, assure-t-on, d'un peu moins de cervelle. Grâce à ces circonstances, il était prédisposé à l'entêtement « quand même » dans l'exercice de son autorité absolue.

Voyons ce que sont devenus les maîtres qui avaient illustré ce collège. L'abbé Martin fut nommé aumônier du lycée d'Argentan, le plus petit et le plus mauvais peut-être de la France entière. Je ne dirai pas ce qu'il en souffre !

L'abbé Hervieux devint curé de la Haute-Chapelle, petit village perché sur les rochers ardus qui avoisinent Domfront, peuplés de braves gens plus ardus encore. Pour lui ce serait la mort, n'étaient sa gaîté et sa vertu.

L'abbé Rombault se trouva aussi meurtri : malgré son âge et sa haute valeur, il travaille humblement à sanctifier les paysans de Messey.

Il n'est pas jusqu'à l'abbé Maunoury, le célèbre codificateur du grec, que l'on n'ait tenté de jeter à la porte malgré ses 85 ans :

mais, finement tenace, il a spirituellement envoyé promener les roquets.

D'autres, tels que l'abbé Lejard, l'abbé Déréchaliers, l'abbé Josse, l'abbé Guibet, s'étant prudemment tenus à l'écart de ces polémiques, ont pu rester à leur poste, heureux de pouvoir encore s'y dévouer, ne disant qu'à leurs intimes de quel œil attristé ils ont assisté à de pareilles scènes, à la décadence qui s'en est suivie, à la diminution considérable des vocations sacerdotales dont le diocèse se trouve maintenant affligé.

Quant aux autres, ils ont pu, par un suprême effort, fonder une autre maison d'éducation à Alençon. L'abbé Dupont, avec lui quelques jeunes animés du même excellent esprit, tels que MM. Desmonts, Richer, Féret (ce qu'il y avait de meilleur dans le nouveau corps enseignant du Petit Séminaire), sont parvenus à imprimer à cette maison un essor magnifique, bien qu'elle soit d'un autre caractère, s'adressant spécialement à la haute bourgeoise. Mais notre résolution de tout dire nous oblige à déclarer que l'évêque se montre fort animé contre cette institution. Il ne l'a tolérée qu'à son corps défendant, et il s'efforce de la faire tomber. Il y parviendra, parce qu'un Breton doublé d'un évêque fait tout ce qu'il veut

Ce sera évidemment un nouveau tort. Mais ne nous attardons pas à discuter les idées de Mgr Trégaro : nous ne devons parler ici que de ses procédés.

Or, nous sommes obligés de conclure que sa conduite en toute cette affaire fut injustifiable, soit en ce qui concerne le Petit Séminaire, soit à l'égard de son ancien personnel.

Dès les premiers essais de réforme il devint visible aux moins clairvoyants que l'issue en serait funeste pour le bien général du diocèse. Il n'est pas admissible que Mgr Trégaro avec sa pénétration habituelle ne s'en soit rapidement aperçu. Néanmoins il continua de plus belle. Il avait commencé, il ne voulait pas s'infliger le déshonneur d'une rétractation qui n'aurait été en somme qu'un acte de loyauté des plus louables : telle la soumission de Fénelon. C'est à l'histoire de juger si cet entêtement lui est ou non pardonnable. Le diocèse de Séez ne paraît pas pencher pour l'affirmation, car il en souffre : au reste, il souffre de beaucoup d'autres mesures arbitraires que nous ne pouvons rapporter sans sortir du cadre de ce récit.

A Alby c'est encore pis. Mgr Fonteneau, qui tient à avoir un pied dans tous les camps, frappe sans rémission le prêtre qui a eu le malheur d'être dénoncé par un gros bonnet, que ce gros bonnet soit un bonnet phrygien ou un bonnet orné de fleurs de lys. De prime abord le curé a toujours tort. On vit dans cet archidiocèse sous le régime de la terreur perpétuelle. Voici un service funèbre pour un chrétien que je vénère comme chrétien, que je ne reconnaissais pas comme chef car je ne suis pas royaliste : j'ai nommé le comte de Paris.

Monseigneur apprend que certains membres du chapitre, qui ont assisté en habit de chœur au service présidé par lui pour M. Carnot, qui n'a mis les pieds dans une église que huit jours après sa mort, doivent se rendre au service d'un prince qui com-

muniait chaque semaine ; vite il dépêche son
secrétaire à tout faire, et ordonne aux chanoines de ne pas aller à ce service en costume de chœur. On devine le tolle d'indignation soulevée par cette conduite.

Et le but ? Le but est d'avoir cette pourpre deux fois refusée par le Saint-Siège et
qui fut donnée à Mgr Bourret, suffragant de
l'archevêché d'Alby.

On prétend qu'il y a des ambitieux qui
marcheraient sur le corps de leur mère pour
arriver au pouvoir, Mgr Fonteneau a tenu à
prouver qu'il y a des archevêques qui marchent sur le cadavre d'un prince chrétien
pour revêtir cette pourpre qui cache tant
de... Je n'ose pas écrire le mot.

A titre de document voici l'instantané de
Mgr Fonteneau que m'envoie un prêtre
d'Alby.

« Mgr Fonteneau est un des évêques les
plus calomniés parce qu'il est un des évêques les plus insondables. Il y a chez lui un
mélange de bon et de mauvais qui déroute
la critique la plus impartiale.

« Si notre archevêque n'avait pas de soucis

d'argent, pas d'ambition nouvelle il aurait
pu être un grand archevêque.

« Donnez à Monseigneur les moyens de
payer les dettes d'une famille encombrante,
comme vous le dites si bien dans *l'Épiscopat sous le joug*, donnez-lui le chapeau
rouge et un archevêché moins triste qu'Alby.
Avec son chapeau rouge il coiffera tout le
monde. Plus de préoccupations pécuniaires
et partant une grande liberté d'esprit —
d'un esprit qui n'est pas ordinaire. Élève et
enfant gâté de l'insondable mais éminent
cardinal Donnet, il ne serait pas un évêque
banal. L'aigreur de son esprit, les mes-
quines tracasseries qu'il sème sous ses pas
disparaîtraient, comme une boue acciden-
telle, sur un chemin ordinairement visité
par le soleil.

« Mais que voulez-vous que fasse un évêque abandonné par ses prêtres, visité par des
huissiers, dans un archidiocèse d'une tristesse incommensurable ? Le caractère s'aigrit,
et quand le caractère s'aigrit chez un évêque
comme chez un simple mortel, ce sont les
petits qui pâtissent des ennuis quotidiens,

« Pauvres petits curés de notre petit archidiocèse, vous en savez quelque chose ?
Déplacés pour un oui ou pour un non, souvent même ni pour un oui, ni pour un non,
on vous envoie après une traite impayée à
l'autre bout du diocèse. Si vous protestez —
non pas la traite de Monseigneur — mais la
décision archiépiscopale, on vous interdit.

« Et quand vous êtes interdits, anges révoltés, vous venez mourir comme un de
mes voisins, cocher de fiacre à Paris !

« Et cependant quel bel avenir s'ouvrait
devant ce jeune vicaire général de Bordeaux
si beau sous la mitre offerte par la duchesse
Decazes. Avec quelle grâce il pliait sa taille
majestueuse devant les populations accou-
rues sur ses pas !

« Evêque d'Agen il échoue dans sa mission. Archevêque d'Alby, il s'appuie lourdement sur sa crosse, ne la levant que pour
croiser les amis de l'Eglise. On raconte qu'il
voudrait aller archevêque de Toulouse. Hélas ! il paraît qu'il restera au milieu de nous.

« A Toulouse il aurait été près du capitole,
mais s'il avait continué la vie menée à

Agen et à Alby, il se serait vite aperçu qu'il n'y a pas qu'un pas du capitole à la roche Tarpéienne. »

L'évêque est un père, répète-t-on au séminaire.

Et quand sorti du séminaire, on va voir ce bon père violet qui habite le palais épiscopal, on se trouve en présence d'un fonctionnaire hargneux qui souvent ne vous offre même pas une chaise pour vous asseoir. On ne se figure pas dans le monde avec quelle morgue, quel dédain sont reçus au palais épiscopal (quand ils y sont reçus) nos braves petits curés de campagne.

Presque jamais on ne leur donne un mot d'encouragement, presque jamais on ne leur donne une de ces accolades paternelles qui viendrait les réconforter de l'indifférence d'ouailles hébétées. On va à l'évêché comme le soldat chez le colonel Ronchonot, avec cette différence que le colonel est un bon garçon et que l'évêque ne l'est pas toujours.

A Meaux, Mgr de Briey est toujours dans sa superbe volière, quand un curé de campagne vient l'entretenir des affaires de sa paroisse. Dans les diocèses de montagne monseigneur est toujours à Paris. Elle est légendaire l'histoire arrivée à ce pauvre Mgr Bouvier, évêque de Tarentaise, qui s'ennuie tant dans son pauvre diocèse qu'il est toujours sur le chemin de Paris ou de Lyon à la recherche d'un ami à marier ou à enterrer.

C'était la fête de monseigneur, il avait tenu ce jour-là à rester dans son diocèse.

Le Chapitre se présente à quatre heures, pour lui exprimer ses vœux respectueux, quand le domestique apporte un paquet sur lequel était écrit ces simples mots.

« Le diocèse de Tarentaise à son évêque bien-aimé. »

Mgr Bouvier ouvre le paquet avec émotion et devinez ce qu'il trouve ?

Un sac de voyage !

Paris a une attraction spéciale pour nos prélats.

Les diocèses qui avoisinent la capitale sont les plus désirés de France. Mgr Bonnefoy, l'évêque de La Rochelle qui a goûté

aux aristocratiques paroisses de Saint-Roch,
la Madeleine, Saint-Augustin, Neuilly, chan-
gerait son diocèse contre Nanterre, si Nanterre, au lieu d'être le siège des rosières,
était celui d'un évêque. Lui aussi est presque
invisible pour ses prêtres même pendant la
semaine sainte. Il y a deux ans, il préparait
cent bons jeunes gens de Saint-Augustin à
la retraite pascale, donnant à ses diocésains
la douloureuse surprise de voir sa stalle
épiscopale vide pendant la semaine sainte.

Les évêques ont mille occasions pour quitter leur diocèse.

Les bénédictions nuptiales jouent un
grand rôle dans ces voyages épiscopaux.

A Paris le jeune couple qui n'a pas sous la
main un évêque pour les unir est un couple
de petites gens.

C'est si select de lire le lendemain dans
le *Figaro* ou le *Gaulois* : « Mⁱˡˡᵉ Polard, la fille
du riche industriel (car l'industrie à Paris
commence dans la fabrication des pruneaux
et finit dans celle des canons), Mⁱˡˡᵉ Polard a
épousé hier le comte de Septontaine qui
avait un aïeul aux croisades (on ne dit

pas qu'il a jeté sa fortune par les croisées)
Mgr l'évêque de X... a uni les jeunes époux.
Le Saint-Père avait envoyé sa bénédiction
par télégraphe. »

Je ne trouve rien de grotesque comme
ces bénédictions qui voyagent sur un fil
télégraphique !

Autrefois les évêques étaient mariés avec
leur diocèse, ce mariage mystique était
figuré par l'anneau que certains de nos prélats portent avec une coquetterie un peu
efféminée. Aujourd'hui les évêques épousent
leur Église mais avec la volonté bien arrêtée
de divorcer à la première occasion.

L'évêque actuel de Nancy, Mgr Turinaz,
quand il était à Tarentaise, passait son temps
comme son successeur, Mgr Bouvier, à répé-
ter que ce pauvre diocèse était indigne de
lui.

Il avait peut-être raison car l'évêque de
Nancy est loin d'être le premier venu, bien
que l'on ne puisse pas compter sur lui. Mais
pourquoi affecter ce dédain blessant pour
des diocésains qui n'en peuvent mais ? Gap
est dans la situation de Tarentaise. « Ce

n'est pas un diocèse, disait un prêtre des Hautes-Alpes, c'est un pied-à-terre épiscopal. »

La Nonciature, ennuyée de nommer à Gap des évêques qui demandent leur changement huit mois après leur nomination, voulait un prêtre du terroir pour lui donner la direction du diocèse.

On finit par découvrir dans une humble cure de canton un brave curé, qui n'avait jamais quitté ses montagnes. On lui offrit l'évêché de Gap.

L'abbé Berthet accepta. Le jour où il vint à Paris pour prêter serment entre les mains du nonce, celui-ci lui dit :

« Nous vous avons nommé pour ne pas quitter votre évêché. »

Le bon évêque suit si fidèlement le conseil qu'il demeure enfermé dans son palais épiscopal « comme un ours dans sa cage », m'écrit irrespectueusement un prêtre de Gap.

Quant aux évêques des colonies c'est encore pis. Mgr X... qui fut à la Réunion a demandé son changement avant d'arriver dans son diocèse.

L'histoire est authentique.

Pendant la traversée un prêtre fit au nouvel évêque un tableau si noir de la situation que ce pauvre Mgr X... avouait dans la suite que s'il n'avait pas été *entre le ciel et l'onde* il aurait rebroussé chemin.

Ils sont cependant bien peu exigeants nos pauvres petits curés de campagne, que demandent-ils à leur évêque? Du génie, de l'éloquence? Non.

Ils leur demandent du cœur et du tact.

Lisez l'Evangile et vous serez surpris comme moi que le tact qui y éclate à chaque page n'ait pas été mis au nombre des vertus chrétiennes.

Voici un évêque qui est loin d'être un génie c'est tout simplement un bon petit vicaire d'une paroisse bordelaise. C'est entendu Mgr Cœuret-Varin, évêque d'Agen, n'est pas un aigle mais il a du cœur. Avec ce cœur rempli de délicatesse et de tact il pacifie ce diocèse d'Agen mis en révolte par l'autoritaire et arrogante administration de son prédécesseur Mgr Fonteneau, l'archevêque actuel d'Alby.

Les prêtres peuvent causer avec leur évêque, les jeunes clercs connaissent le son de sa voix. Quand Monseigneur fait une tournée pastorale il descend dans la modeste cure du desservant et non à l'opulent château du seigneur de l'endroit. On ne se figure pas l'humiliation que ressentent les curés en voyant certains évêques dédaigner l'hospitalité qu'ils offrent de si bon cœur. Mgr Denéchaud, évêque de Tulle, qui a tout ce qu'il faut pour faire un excellent évêque, n'a échoué dans certaines paroisses de son diocèse que pour avoir préféré l'hospitalité du château à celle de la cure. Puisque je parle de Mgr d'Agen je ne puis m'empêcher de transcrire ce portrait biographique envoyé par un modeste curé du Lot-et-Garonne.

L'abbé X..., curé de X..., est un savant qui aime son Midi avec l'amour virginal d'un prêtre, c'est-à-dire avec l'amour exclusif d'un homme qui a donné son âme à un coin de terre au lieu de le donner à un coin de créature.

« Notre diocèse a eu des heures doulou-

reuses, m'écrit-il. Nous avons été longtemps sans évêque, certains prétendent que
nous ne nous en sommes pas portés plus
mal. C'est une erreur. Un diocèse sans évêque est un corps sans âme. L'âme n'est pas
souvent belle, mais l'âme est indispensable
à la vitalité du corps. Vous me dispenserez
de vous parler de Mgr Fonteneau, notre
ancien évêque, aujourd'hui archevêque
d'Alby et qui voudrait tant (pas plus que ses
prêtres) être archevêque ailleurs. Je ne par-
lerai pas de Mgr Fonteneau car je suis une de
ses nombreuses victimes et vous me demandez du reste une note sur l'évêque d'Agen,
Mgr Cœuret-Varin, et non sur l'ancien évêque
d'Agen, Mgr Fonteneau. Il était cependant
utile de vous parler un peu de ce dernier
pour expliquer l'animosité qui a accueilli le
second. Mgr Fonteneau qui avait eu le bonheur
de naître dans la Gironde sous l'épiscopat
par trop paternel du cardinal Donnet avait
amené comme vicaire général à Agen un
petit vicaire ou plutôt *un gros vicaire* de
Notre-Dame de Bordeaux, fils d'un épicier
de la capitale de l'Aquitaine. Pour un

pays de pruneaux, avait pensé l'archevêque actuel d'Alby, il est bon d'amener avec moi un fils d'épicier. Ce qu'il y a de certain, c'est que le fils de l'épicier montra plus de tact que son évêque. Avec une bonhomie charmante, il s'ingéniait à cicatriser les blessures que notre évêque multipliait sur le corps sacerdotal de ses prêtres.

« Mgr Fonteneau ayant obtenu un archevêché à force de courbettes épiscopales, il demanda au ministre de nous donner comme évêque le fils de l'épicier de Bordeaux. Des méchantes langues ont pu dire avec raison qu'on donnait un fruit sec au diocèse des pruneaux. Sous le rapport de la science le jeu de mot était sans doute vrai, mais sous le rapport de la délicatesse du cœur il était radicalement faux.

« Nous n'avons pas un savant comme évêque, mais nous avons un homme de cœur. Il ne proteste pas mais il n'approuve pas. Beaucoup en France ignorent son nom. Il a eu le tact et l'intelligence de faire oublier par la presse qu'il était évêque Français, mais il a eu la délicatesse suffisante pour que ses prêtres n'oublient pas qu'il est évêque et bon évêque d'Agen. C'est un prélat départemental et très aimé dans le département. »

Je demandais, il n'y a pas huit jours, à un prêtre de Saint-Dié ce qu'il pensait de son évêque, Mgr Foucauld. « Oh ! c'est un bon, me répondit ce brave curé, en joignant les mains, dans un geste d'admiration. *Il n'est pas fier pour nous autres curés de campagne.* Souvent il nous invite à sa table. » Il faut le reconnaître, les derniers évêques nommés ne sont peut-être pas tous des génies, mais ce sont pour la plupart des hommes de cœur et de tact. C'était la bonne fournée.

Mgr Latty, l'évêque de Châlons, peut être un ambitieux, mais ce n'est pas un arrogant. Un exemple le prouvera.

Un curé de campagne des environs de Châlons venu à Paris pour ses affaires le lendemain de la nomination de l'abbé Latty, veut connaître la figure de son évêque. Selon une expression vulgaire et un peu déplacée dans un semblable sujet, il se rend à

Saint-Médard pour se payer la tête du curé
devenu évêque. Il lui trouve un tel air de
bonté qu'il se hasarde à le demander à la
sacristie. Timidement il lui présente le
premier les vœux de son futur clergé.
Mgr Latty l'embrasse, le retient à déjeuner.
Le brave curé pleure de joie. Les voici les
meilleurs amis du monde. On se quitte et
comme l'humble desservant se retirait, Monseigneur lui crie : « Et vous direz à vos confrères que je serai un bon papa. »

Un bon papa ! Le clergé ne demande pas
autre chose à ses évêques.

Mgr Frérot, évêque d'Angoulême, n'est pas
autre chose ; aussi ses prêtres sont satisfaits.
Il en est de même de Nosseigneurs Laborde,
évêque de Blois ; Duval, évêque de Soissons ;
Labouré, archevêque de Rennes.

Le cardinal Bourret qui passe pour un
génie (faut-il que nous en désirions ! ! !) n'est
pas autre chose qu'un bon papa.

Il faut le voir dans les rues escarpées de
Rodez avec ses légendaires pantoufles, mar-
chant escorté des bambins réclamant des
médailles et des bonbons.

Un moment on avait annoncé que Mgr Bourret allait être nommé archevêque

« Quitter Rodez, disait le bon cardinal au nonce apostolique, mais vous n'y pensez pas, Excellence, le jour de mon départ mon clergé ferait faire machine en arrière à la locomotive. » Les mauvaises langues prétendent que l'évêque de Rodez n'empêchera pas la locomotive de faire machine en arrière pour Toulouse.

C'est un jeune mais excellent père que le nouvel évêque d'Orléans, lui qui disait à un membre de son chapitre cette délicate et charmante parole : « Je veux être le confident et le consolateur du dernier des prêtres de mon diocèse. »

Il est ambitieux, mais il y a des ambitions excusables.

Le clergé demande si peu des génies que les prêtres d'Angers ne changeraient pas Mgr Mathieu contre l'éloquent Mgr Freppel; pas plus que ceux d'Alger ne réclameraient le cardinal Lavigerie à la place de Mgr Dusserre. Si ces deux grands évêques ressuscitaient et qu'un plébiscite fût utile pour les réintégrer sur le siège qu'ils ont illustré, ils ne réuniraient pas dix voix sur leur nom.

Il faut avouer que les hommes de génie ne sont pas toujours aimables. Le cardinal Lavigerie quand il avait la migraine et Mgr Freppel quand il avait la goutte traitaient ceux qui les approchaient, comme un sous-officier n'aurait pas traité le dernier des lignards. Je connais un prêtre qui a encore des frissons dans le dos quand il évoque une scène faite par le cardinal Lavigerie à propos d'un sermon qui lui avait déplu. Le prêtre prétend que, n'ayant pas assez encensé le primat d'Afrique, celui-ci l'injuria dans une langue qui était loin de lui valoir les suffrages tant désirés des immortels du palais Mazarin.

Par contre, le cardinal était plein d'attention pour ce mauvais petit Maltais qu'il élevait à trente ans, dans un jour d'oubli, aux honneurs de l'Episcopat. Si le cardinal qui était un grand homme (et nous avons si peu de grands hommes que nous aimons à leur pardonner leurs défauts), si le cardinal voyait ce qu'est devenu son Maltais le seigneur Brincat, il rougirait et il pleurerait !

Ce n'était pas pour lui voir faire de la bicyclette en plein Paris avec une vieille femme mariée qui a ses faveurs et qui les lui rend bien, mais pour l'envoyer briser les chaînes de l'esclavage qu'il en avait fait un évêque. Ce n'était pas pour écrire des lettres qui feraient rougir un corps de garde, mais pour lui faire signer des mandements qu'il l'avait revêtu de la dignité épiscopale.

Et si je parle de ce triste personnage — avec les preuves dans mon coffre-fort, — c'est qu'il menace la cour de Rome de faire du scandale si l'on touche à sa misérable personnalité. On y a touché comme le Christ touchait à celle de Judas, en prenant sa main en flagrant délit dans le plat de la trahison.

Il faut que le monde connaisse les Judas modernes. En voici un. Je le marque au front, afin que ceux qui courent de l'Archevêché à la Nonciature pour dénoncer ses infamies sachent que ce n'est plus qu'une branche pourrie qui est tombée de l'arbre dix-huit fois séculaire et bien vivant de l'Église de Dieu.

Ne quittons pas ces deux diocèses sans donner sur les deux nouveaux évêques l'appréciation de deux prêtres éminents.

« Est-ce du mal que vous me demandez sur notre évêque ? Si oui, je me récuse, et je doute que vous trouviez un prêtre — un bon prêtre — pour vous dire du mal de Mgr Mathieu. Il a fait trop de bien parmi nous pendant son court mais déjà très fécond apostolat.

« C'est du bien alors que vous demandez ? Si oui, j'en suis.

« Mgr Mathieu est véritablement évêque d'Angers, alors que son illustre prédécesseur Mgr Freppel était surtout évêque du Palais-Bourbon. Il a fait de grandes choses dans cet endroit où l'on fait habituellement de la vilaine besogne. Mais son diocèse était surtout un pied-à-terre où il venait préparer ses magnifiques discours. Bien que placés dans un superbe pays de terre riante nous allions un peu à la dérive. Mgr Freppel ne faisait rien de petit, aussi a-t-il voulu faire très grand dans un diocèse qu'il n'avait pas le temps d'administrer. On ne construit pas des bâtiments d'œuvre sans architecte. Les architectes ne bâtissent pas sans maçons. Les maçons n'édifient pas sans pierres ; aussi quand il a fallu payer architectes, maçons et pierres on s'est aperçu que la caisse de Mgr Freppel, mort en combattant le bon combat, était vide comme celle de ces héros qui n'ont pas le temps de thésauriser ayant passé leur vie à défendre l'honneur du drapeau national.

« Mgr Mathieu connaissait le déficit de la caisse épiscopale, et très sacerdotalement il a accepté de le combler, sachant très bien que l'achèvement des œuvres de Mgr Freppel rejaillirait sur la Mémoire du mort et jetterait peu de lustre sur celle du vivant.

« Grâce à Dieu il n'en sera pas ainsi.

« Tout en laissant à Mgr Freppel la grande place qu'il occupe dans l'histoire de l'Église de France, nous tenons à mettre en lumière la grande place que Mgr Mathieu a conquise dans l'histoire du diocèse d'Angers. »

Allons à Alger la belle maintenant.

« Le cardinal Lavigerie a été un grand constructeur d'œuvres admirables. Mgr Dusserre accomplit une œuvre plus humble mais plus difficile, il est le grand réparateur de ces édifices qui n'ont malheureusement que le clinquant d'un palais de féerie. Dans l'ordre moral notre archevêque s'ingénie à faire disparaître les nombreux abus qui poussaient sur notre sol africain comme les beaux palmiers de nos rivages enchanteurs. Vous connaissez les scandales des chanoines de Carthage? Il fallait de l'argent pour élever la cathédrale, le cardinal qui connaissait l'incommensurable bêtise humaine vendit un camail violet à des prêtres qu'il nommait si bien des *violomanes*.

« Pour vingt mille francs le dernier des prêtres pouvait se payer la fantaisie d'un costume d'évêque. Je vous laisse à penser ce qu'était le chapitre de Carthage.

« Prêtres tarés se pavanaient dans le costume violet vendu par le cardinal Lavigerie, comme Mandrin qui échappait à la justice en se déguisant en évêque. Mgr Dusserre a fait disparaître ces abus en supprimant le trafic honteux de la vente du camail.

« Le cardinal Lavigerie, qui se connaissait cependant en hommes, avait eu le tort de placer ses créatures dans des postes par trop élevés. C'est ainsi qu'il élevait aux honneurs de l'épiscopat ce petit Maltais de Brincat, aujourd'hui défroqué, grâce à vos révélations si discrètes de *l'Épiscopat sous le joug*.

« Pour tout dire en un mot : « Nous sommes fiers d'avoir eu comme archevêque le cardinal Lavigerie, et nous sommes encore plus heureux d'avoir comme successeur Mgr Dusserre. »

« Pour terminer, laissez-moi vous rapporter le mot malicieux d'un curé d'Alger. « Il n'y a pas que le cardinal qui repose en paix, il y a son clergé. »

De différents côtés on me signale la pression épiscopale exercée sur les curés pour qu'ils reçoivent le bon journal.

Quel est le bon journal? Voilà une question que se posent depuis vingt ans nos évêques. Je ne dis pas le bon journal de Nosseigneurs les évêques. Le bon journal pour nos évêques c'est le *Figaro*. Mais quel est le bon journal à imposer au clergé? Oui, à imposer au clergé. C'est précisément pendant les retraites ecclésiastiques que les évêques recommandent et imposent un journal aux prêtres assemblés. Autrefois Mgr Thomas imposait *l'Observateur français* pour lequel il a dépensé inutilement des sommes fantastiques.

A Tarbes Mgr Billières, qui a été le candidat du parti républicain des Hautes-Pyrénées et qui est devenu le prisonnier des Pères de la grotte de Lourdes — *les évêques noirs de ce diocèse* — impose à tous ses prêtres la lecture du journal *La Croix des Hautes-Pyrénées*. Non seulement le curé reçoit son numéro, mais il reçoit des numéros de propagande à placer parmi ses paroissiens. Voici le curé transformé de par ordre de l'évêché en courtier de journal.

Mgr Billières, qui appelait M. Carnot un *Christ temporel*, est un évêque indéchiffrable. Il est républicain pour être évêque, il est archi-ultramontain pour partager avec les Pères de la grotte de Lourdes les intérêts que rapporte cette ferme, dans laquelle la plus belle des fleurs du Paradis a germé un beau matin, sous les yeux émerveillés de Bernadette Soubirous.

Restons un moment à Tarbes, et donnons le portrait envoyé par un brave prêtre des environs d'Argelès.

« Monseigneur nous a donné bien des transes, mais il a été à moitié converti non pas par *Notre-Dame de Lourdes*, mais par *Nos messieurs de Lourdes* (lire les Pères de Lourdes). La bonne Vierge guérit avec un peu d'eau, les Pères qui desservent de toutes les façons la basilique de Lourdes guérissent nos évêques avec beaucoup de billets de mille. Il faudrait pour écrire l'histoire néfaste de cet ordre, faire revivre une de leurs victimes mon saint et vénérable ami l'abbé Peyramale ! En voilà un qui a su ce que pouvait devenir un évêque dans les mains d'un ordre riche !

« Mais je vois que je fais le procès des Pères et le panégyrique de l'ancien curé de Lourdes oubliant notre évêque actuel Mgr Billières. L'ancien curé de Bagnères doit sa nomination à son républicanisme avancé. Pour lui Carnot est un Christ temporel, et Casimir-Perier une étoile qui se lève (1).

« Il a sans doute voulu dire une étoile filante. Bon curé de canton, personne ne pouvait supposer qu'il deviendrait évêque et surtout évêque dans son département. Mais l'abbé Billières avait des titres sérieux pour devenir le pasteur des Hautes-Pyrénées. Il était l'ennemi acharné des ordres religieux. Je l'ai entendu maintes fois fulminer contre les carmes de Bagnères qui attiraient dans leur chapelle l'élite des habitants et tous les touristes de sa paroisse.

« Je l'entends encore me dire en montrant le gracieux porche de la délicieuse chapelle des carmes déchaussés : « Ces va-nu-pieds ruinent ma paroisse. »

« Si l'ordre des carmes fait écrire la vie de notre évêque par les prieurs qui eurent à subir ses persécutions curiales, je doute

____

1. C'est en ces termes que l'évêque de Tarbes annonçait à ses diocésains la mort de M. Carnot et la nomination de M. Casimir-Périer.

qu'elle soit enthousiaste. La lecture nous en sera certainement interdite.

« Le parti républicain avancé voulait arriver à faire partir de Lourdes les Pères de Garaison. Pour cela il fallait un évêque à tout faire. L'abbé Billières fut choisi malgré les protestations du clergé.

« Pour être juste nous devons dire que nos craintes étaient exagérées. Monseigneur n'a été ingrat que pour ses amis de la première heure. Un de ses familiers en est mort d'écœurement. Comme ses amis étaient peu nombreux, les injustices épiscopales ont été assez restreintes. Les Pères de Lourdes ont habilement fait le siège du prélat. Ils ont flatté ses manies de vieillard, multipliant les fêtes, les anniversaires pour offrir des cadeaux payés par les pèlerins de Lourdes.

« Mgr Billières ne pouvait pas crosser des gens qui lui offraient des crosses en or ! La goutte est venue par-dessus le marché pour calmer les ardeurs séniles du pontife pyrénéen. Il ne sort de son palais épiscopal que pour aller se reposer dans son superbe palais de Lourdes. Ses voisins sont les Pères de la Grotte. Il est désagréable, surtout à un goutteux qui a besoin de repos, de vivre en guerre avec ses voisins. Mais en voici bien long sur un évêque bien obscur. Je me console en pensant que vos lecteurs, qui ignorent sans doute le nom de notre évêque, s'intéresseront au diocèse de Notre-Dame de Lourdes. En résumé nous demandons à garder encore longtemps Mgr Billières, car nous nous souvenons de la fable de La Fontaine : Les grenouilles qui demandent un roi. »

A Coutances, Mgr Germain, le dernier des évêques qui croit à l'*Univers*, impose à ses curés ce journal ondoyant, terne, de mauvaise foi, qui vit sur le nom de Louis Veuillot comme un ver malfaisant sur un cadavre en putréfaction.

A côté des évêques qui imposent les journaux qui leur plaisent il y a ceux qui défendent la lecture des feuilles qui leur déplaisent. L'*Autorité* et la *Libre Parole* sont à l'index dans certains diocèses. Dans les retraites pastorales un grand nombre d'évê-

ques recommandent de ne pas lire les journaux et les livres de ces auteurs soi-disant
catholiques qui se permettent de juger l'Épiscopat.

A Sens, les prêtres qui reçoivent la *Libre
Parole* ou *l'Autorité* doivent la faire adresser à un paroissien qui vient la leur remettre, à la tombée de la nuit, avec la précaution que prennent, dans les collèges,
certains externes pour faire passer aux internes des romans immoraux.

Et cependant Mgr Ardin devrait être reconnaissant à un rédacteur de la *Libre
Parole*, que je connais bien, de n'avoir pas
publié encore le formidable dossier qu'il a
eu en main, sur...?Mgr Ardin me comprend,
cela me suffit...

A Dijon, Mgr Oury, un ancien aumônier
de marine qui doit à ses fonctions d'avoir
appris à nager entre deux eaux, impose *moralement* deux journaux. La *Semaine religieuse* qui chante les louanges du gouvernement pour faire plaisir à Rome, et une feuille
de chou qui insulte ce même gouvernement
pour plaire aux royalistes du diocèse.

C'est ainsi que nous avons vu Mgr Oury, qui devait sa nomination à M. Carnot, laisser insulter le cadavre du malheureux Président par ce petit canard de province revêtu de la quasi-approbation de l'évêché. Et tandis que l'ancien évêque de Fréjus passait son temps à flatter les hommes au pouvoir pour devenir évêque de Dijon, il était le dernier des évêques de France à ordonner un service funèbre pour celui à qui il devait sa mitre et son récent avancement. Cette conduite fut sévèrement jugée à Rome.

A Bordeaux, c'est encore plus fin-de-siècle. Le cardinal Lecot, qui raconte à tout le monde qu'il a dans sa poche sa nomination d'archevêque de Paris, — ce qui, soit dit en passant, doit faire plaisir au cardinal Richard — fait imprimer ses mandements à l'imprimerie de la *Gironde*, journal anti-clérical. Aussi beaucoup de prêtres, croyant plaire au cardinal, reçoivent la *Gironde* et refusent le *Nouvelliste*, journal conservateur.

Dans ce siècle d'opportunisme à outrance on ne sait plus sur quel pied danser.

En politique, nos ministres brûlent ce

qu'ils ont adoré la veille. Nos évêques politiques sont atteints de cette maladie du siècle et il est très difficile à un prêtre de savoir au juste ce qu'est ou ce que deviendra son évêque.

A Aix, quand Mgr Gouthe-Soulard a été nommé archevêque, les prêtres conservateurs étaient dans le trente-sixième dessous ; Monseigneur était républicain. Aujourd'hui que Monseigneur est royaliste, ce sont les prêtres républicains qui sont en défaveur ! !

Écoutons le jugement impartial de ce prêtre d'Aix sur son vénérable archevêque.

« Mgr Gouthe-Soulard est devenu un évêque trop universel pour que vous ayez recours à un curé de son diocèse pour tracer son portrait.

« Trois faits le signalent à l'attention du public. Son républicanisme de la première heure le fit nommer par M. Goblet à un archevêché. Depuis longtemps, on n'avait jamais vu un prêtre nommé dans un archevêché sans passer par un évêché. Il faut dire que presque tous les évêques *archiépiscopables* refusaient d'accepter un archidiocèse aussi petit que le plus petit des diocèses de France.

« Mgr Gouthe-Soulard avait accepté ce poste.

« Me permettez-vous d'ouvrir ici une parenthèse ?

« M. Goblet ancien ministre ne ressemble pas du tout à M. Goblet ministre. J'ai entendu dire à Mgr Gouthe-Soulard, qui était son ami, que jamais ministre des cultes ne fut plus aimable pour les évêques. Alors pourquoi attaquer, aujourd'hui qu'il est dans l'opposition, ceux qu'il défendait si énergiquement quand il faisait partie du gouvernement ?

« Revenons à Mgr Gouthe-Soulard.

« Le second fait qui l'a signalé à l'attention du public est sa fameuse comparution devant la justice de son pays. Sous l'inspiration de son vicaire général, Mgr Ricard, mort, comme le disent les mauvaises langues, d'une *indigestion littéraire*, Monseigneur publia les péripéties de son procès. Il eut le tort de livrer à la publicité les correspondances insignifiantes de ses curés. Depuis ce jour, Mgr Gouthe-Soulard devenait le

Bernard l'Hermite de la croisade de l'opposition gouvernementale.

« Le Pape désapprouva notre fougueux archevêque.

« Troisième fait. Monseigneur aime beaucoup les petites Sœurs des pauvres ou plutôt les vieillards des petites Sœurs des pauvres.

« En deux mots, Monseigneur, comme prêtre et comme évêque, est impeccable. Sa foi religieuse est de granit, sa foi politique a beaucoup de la girouette. Pour nous, la girouette d'Aix est du bon côté, bien qu'elle ne soit pas du côté où le vent souffle. Elle y restera cependant, car elle n'a pas la jeunesse suffisante pour faire une nouvelle évolution. »

L'histoire de Mgr Gouthe-Soulard nous rappelle un mot de Thiers : « Mes évêques, avant d'avoir reçu le Saint-Esprit sont des anges, quand ils l'ont reçu ils deviennent des démons. »

Ainsi l'évêque de Bayonne était un ange gouvernemental quand il est arrivé dans ce pays.

« Nous l'avons mis au pas, m'écrivait un prêtre des Basses-Pyrénées. »

C'est que l'on ne plaisante pas avec le clergé basque !!!

Et l'archevêque de Cambrai est-il devenu subitement un démon pour le gouvernement ?

Il faut dire qu'il a été plus prudent que les autres, il a attendu d'être archevêque de Cambrai pour accomplir son évolution !

Mgr Monnier, le véritable pasteur de ce diocèse, n'est pas étranger à cette conversion.

Ce qu'il y a de certain c'est que Mgr Sonnois a changé son fusil d'épaule, exercice qui doit être facile à un évêque qui a comme frères un général et un colonel.

Et Mgr Rougerie, évêque de Pamiers, a-t-il assez trompé l'attente du gouvernement ? Il faut entendre Constans faire son *mea culpa* de cette nomination ?

Le Pape ne voulait pas accepter pour cet évêché le candidat du ministère. Il en était résulté un conflit entre le gouvernement et la curie romaine.

Constans de son côté refusait le candidat de la Nonciature.

Dans ces cas, on a recours à un moyen de conciliation. Chacune des parties intéressées renonce à son favori et tombe d'accord sur un X quelconque. C'est ce qui eut lieu pour la nomination de Mgr Rougerie.

Un matin, un homme politique de qui je tiens l'histoire, entre dans le cabinet de Constans qui était alors ministre.

« — Tu arrives bien, lui dit le tombeur du boulangisme, tu dois connaître un prêtre qui ne fera pas d'opposition au gouvernement le jour où il sera évêque. J'ai besoin d'un évêque pour Pamiers.

« — J'ai ton affaire, répondit l'ami en question. Je connais dans le diocèse de Limoges un brave curé de canton qui passe son temps à regarder la lune. C'est un astronome distingué.

« — Télégraphie-lui d'arriver, nous allons en faire un évêque. Un évêque astronome doit être toujours dans les nuages ! C'est parfait pour un gouvernement qui ne veut pas que les évêques s'occupent trop de cette terre. »

Ce qui fut dit fut fait.

L'abbé Rougerie arriva, accepta, promit tout ce qu'on lui demandait. Il reçut le Saint-Esprit. On sait le reste. Mgr Rougerie passe son temps à regarder les étoiles et à protester contre les actes du gouvernement.

Et Mgr Fallières, évêque de Saint-Brieuc, il proteste tellement, depuis qu'il est évêque que son cousin, l'ancien ministre, lui disait dernièrement, avec beaucoup d'esprit : « Puisque tu as envie de te fâcher contre le gouvernement, attends donc d'être cardinal, comme ça, tu te fâcheras tout rouge. »

En cela il aurait imité le très diplomate cardinal archevêque de Reims qui a eu le malheur de naître en France.

Voyez le cardinal Langénieux italien ! Quelle belle carrière s'ouvrait devant lui ! Au prochain conclave, il eût été le candidat de tous les cardinaux réunis. La curie romaine a vite deviné les qualités italianisantes de l'ancien curé de Saint-Augustin. C'est lui qui est chargé des missions délicales. En Terre Sainte il va représenter le Saint-Siège, et le sultan se courbe devant son sourire toujours bénissant.

En France, le gouvernement lui demande d'être pacificateur et les ultramontains lui confient le drapeau de leurs revendications. Il marche avec une aisance extraordinaire sur la corde tendue des rapports de l'Eglise et de l'Etat. C'est un des équilibristes les plus extraordinaires de la diplomatie ecclésiastique.

Je ne lui connais qu'un émule, c'est Mgr Hautin, archevêque de Chambéry. Ce petit prélat souriant ira très loin ou plutôt reviendra de très loin ; car Chambéry n'est pas assez près de Paris. Mgr Hautin est le tampon qui amortira les coups échangés entre la curie romaine et le gouvernement de la République française.

Quand le siège archiépiscopal de Paris sera vacant, ou qu'un chapeau cardinalice devra être posé sur la tête d'un prélat français les coups s'échangeront et se calmeront devant le tampon de Chambéry.

« Nous ne voulons pas de votre Fuzet,

dira la Nonciature, pas plus que de votre Ardin. — Nous, répondra le ministre, nous n'accepterons jamais votre Mgr Perraud. »

C'est alors que l'on cherchera un évêque terne. Mgr Hautin sera là. Ce n'est pas un évêque, me disait dernièrement un prêtre qui le connaît beaucoup, c'est un bouche-trou.

Il a failli dernièrement boucher le trou de Lyon. Puisque nous sommes à Lyon res-tons-y un instant, pour saluer un digne et saint archevêque. Mgr Coullié ne transige pas avec le devoir et il est bon pour ses prêtres. Les injustices ne pleuvent pas sur ce beau et vaste diocèse. La raison en est bien simple, l'archevêque de Lyon a connu dans sa jeunesse l'injuste sévérité episco-pale. L'histoire mérite d'être contée.

L'abbé Coullié était simple vicaire de Saint-Eustache, quand sur le rapport d'une hystérique, il fut interdit par le cardinal Guibert, archevêque de Paris. Le jeune vicaire se soumit avec respect. Un an après, le hasard le mit en présence du cardinal. Le cardinal lui demande son nom, celui-ci le décline. L'Archevêque de Paris veut apprendre quelle est sa fonction, celui-ci très simplement répondit : « Interdit. »

Le cardinal, qui était un saint, vit de suite à qui il avait affaire. Il examina le dossier de l'abbé Coullié, vit un peu tardivement que les accusations ne reposaient sur aucun fondement sérieux et il voulut réparer magnifiquement son erreur. L'abbé Coullié était nommé, huit jours après, promoteur du diocèse, c'est-à-dire chargé des enquêtes délicates sur la moralité des prêtres, et quelques années ensuite, il allait s'asseoir sur le siège épiscopal de Mgr Dupanloup.

Et l'évêque de Mende, que n'a-t-il pas promis pour être évêque? Aujourd'hui il partage sa vie entre deux occupations : Il conduit lui-même sa voiture, laisse conduire son diocèse et il proteste contre les lois scélérates.

Puis il y a les évêques ondoyants qui ne savent pas au juste ce qu'ils sont, ni ce qu'ils veulent.

L'évêque de Grenoble, Mgr Fava, est le modèle accompli de ces girouettes épisco-

pales. Il ne se laisse surpasser que par
Mgr Isoard, l'autoritaire évêque d'Annecy.

Fondateur d'un parti républicain catholique, mort avant d'avoir vu le jour, l'évêque
de Grenoble semble prendre toutes ses déci-
sions sous l'influence de la Chartreuse, liqueur
qui coule comme un fleuve bienfaisant dans
son beau diocèse.

Il a comme imitateur Mgr Turinaz, évêque
de Nancy, qui est l'homme de la première
impression. Mgr de Cabrières, évêque de
Montpellier, est un peu de leur école. Il
faut dire que s'il n'avait pas un enfant gâté,
l'abbé Gervais, qui prend par trop d'influence dans le diocèse, il serait regardé par
ses prêtres comme le modèle du véritable
évêque.

Ceci nous amène à dire que les évêques
ne sont pas toujours directement respon-
sables des mesures vexatoires et injustes
dont se plaint le clergé, elles leur sont parfois absolument inconnues. Les vicaires
généraux ou plus souvent un petit secrétaire fraîchement sorti du séminaire

mènent Monseigneur ; et par contre-coup le diocèse.

Le diocèse de Langres en sait quelque chose avec l'abbé Herscher, le jeune vicaire général !

On raconte que ce bon Mgr Larue, ayant surpris à plusieurs reprises l'abbé Herscher se regardant à la glace avec son camail violet, crut lui faire un grand plaisir en lui donnant le droit de porter cette couleur épiscopale. L'abbé fut nommé protonotaire apostolique. Il a le droit de s'habiller en évêque, ce qui lui faisait dire naïvement à un curé qui me l'a rapporté : « Oh ! quand je voyage le costume est agréable à porter car tout le monde dit sur mon passage : Voici un bien jeune évêque. »

Cela arrivera bientôt, Monsignor, car si j'en crois un bruit très fondé votre évêque, qui sait *qu'aux cerveaux fatigués la vieillesse n'attend pas le nombre des années,* s'apprête à faire de vous un nouvel Elisée, en vous confiant la moitié de son manteau épiscopal, et le titre de coadjuteur. *Ad multos annos!*

Il faudrait deux volumes comme celui-ci

pour parler de l'influence néfaste des vicaires généraux et des secrétaires d'évêché.
Les évêques comme les rois constitutionnels
règnent et ne commandent pas. C'est la Cons-
titution qui force les rois à ne pas régner,
c'est l'orgueil qui pousse souvent les évêques
à abdiquer. Anciens enfants de chœur,
les jeunes secrétaires d'évêché ont appris à
encenser un évêque parfois ramolli, qui aime
à entendre son panégyrique de son vivant,
sachant que celui qui sera prononcé après sa
mort sera peu important.

Je ne parle pas des évêques assez intelligents pour se rendre compte de leur insuffi-
sance et qui laissent la direction d'un diocèse
à des vicaires généraux expérimentés.

Ainsi Mgr Pagis, l'évêque de Verdun, s'est
vite aperçu qu'il avait entrepris à Vaucou-
leurs une tâche au-dessus de ses forces et il
s'est empressé de mettre à la tête de l'œuvre de Jeanne d'Arc le savant et distingué
abbé Le Nordez, le futur évêque de Verdun.

Les lettres que je reçois pour signaler la
situation de ces diocèses administrés par

d'autres que par l'évêque sont innombrables ; Écoutons ce curé de la Corse :

« Nous avons un évêque, mais nous avons surtout un vicaire général Mgr Emmanueli. Mgr de la Foata règne et ne commande pas. Je vous certifie qu'en matière épiscopale ce n'est pas un mauvais système. Quand quelque chose de mal se passe dans le diocèse, les amis de Monseigneur prétendent que c'est le vicaire général qui a agi. Quand au contraire une bonne mesure (cela arrive rarement) a été décrétée par le vicaire général, Monseigneur a un talent particulier pour se parer des plumes du paon. En somme, nous n'avons pas à nous plaindre de Mgr de la Foata et cela pour deux raisons. 1° Nous ne le voyons jamais. 2° Quand nous le voyons il approuve tout, quitte à le faire désavouer le lendemain par son vicaire général.

« Et cependant que d'abus à condamner dans notre malheureux diocèse ! Je ne parle pas des abus administratifs, les échos du parlement en sont pleins sans que jamais un remède sérieux nous ait débarrassé de ces mœurs de maquis. Je parle des abus reli-

gieux. Ils sont nombreux et écœurants.
Je m'empresse d'ajouter qu'ils sont excusables quand on songe aux mœurs farou-
ches de ce peuple poétiquement barbare.

« Il faudrait que Mgr de la Foata eût une
main de fer pour réprimer ces abus et il
n'a malheureusement qu'une main gantée,
non pas de velours, mais de soie violette. »

Ils sont bien intéressants, tous ces por-
traits envoyés par des prêtres, sur ma
demande.

J'en prends quelques-uns au hasard :

« Faites décréter demain par le gouvernement actuel que Jésus-Christ n'est pas le
Fils de Dieu, je parie que notre évêque, qui
a la manie des approbations gouvernementales, trouvera moyen d'envoyer son adhésion.

« Je ne dis pas que Mgr Renou, évêque
d'Amiens, n'a pas la foi. Il croit en Jésus-
Christ, c'est incontestable, mais il croit surtout au gouvernement établi. Il est à la tête
de cet *épiscopat sous le joug* qui croit très
sincèrement sauver l'Église en approuvant
les mesures de ceux qui veulent la détruire.

9.

« Ses armes épiscopales devraient porter la parodie de la victime du Calvaire : *Fiat voluntas tua*. Le Christ poussait ce cri au Père tout-puissant qui meurtrit pour relever, Mgr Renou le pousserait à la franc-maçonnerie toute puissante qui meurtrit l'Église pour relever son prestige en décadence. Oh! ne me faites pas dire ce que je ne veux pas dire : Mgr d'Amiens n'est pas un hérétique. Il croit en la divinité de Jésus-Christ, même s'il approuvait les déclarations contraires du Gouvernement. Mais il est persuadé qu'en approuvant il empêchera les autres de trop nier. C'est un opportuniste épiscopal. Si je n'étais pas un de ses prêtres, je dirais un opportuniste dans toute la laideur du mot. Soyons plus polis et mettons dans toute la beauté du mot.

« Pour lui, la loi des fabriques est excellente. Je ne vois qu'un moyen de lui persuader qu'elle est mauvaise : c'est de le forcer à payer le déficit causé par cette loi. Peut-être alors notre évêque deviendra-t-il un évêque opposant.

« Et encore je n'en suis pas certain!

« Il est né pour être avec le pouvoir, comme d'autres sont nés pour être de l'opposition.

« Cela le conduira à l'opposé de notre diocèse. C'est la grâce que nous lui souhaitons.

« Ainsi soit-il ! »

Allons maintenant du nord au midi, à Aire.

Savez-vous ce que c'est qu'une pignada? C'est une sombre et monotone forêt de pins couvrant une lande immense coupée par des bruyères violettes. C'est dans un de ces pauvres villages que gît le blanc presbytère de mon honorable correspondant. Il gît dans la lande monotone comme un tumulus tout blanc au milieu du vert lugubre d'un cimetière de cyprès.

« Ce n'est pas facile de vous le décrire, notre évêque ! C'est un boudeur qui s'ennuie dans nos pignadas comme un Parisien égaré dans nos forêts. Comme ces pins rabougris que la rafale de l'Océan a empêchés de grandir, il passe son temps à se demander dans sa bonne et triste ville d'Aire comment il est encore dans les landes, c'est-à-dire dans le désert.

« Pour être juste, il faut dire que Monseigneur n'est pas un vil flatteur du pouvoir, ce n'est pas non plus un batailleur. Trop âgé pour songer à changer une troisième fois de siège épiscopal, il demande à vivre paisiblement avec les autorités et ses diocésains.

« En somme nous avons un évêque qui s'ennuie et partant un évêque ennuyeux. Nous nous approchons de lui avec le respect tremblant de ces fils qui ont un père aigri. Mais par le temps qui court, il ne faut pas être difficile, et les prêtres doivent mettre en pratique le vieux proverbe qui a bercé mon enfance (mon saint supérieur du petit séminaire nous le répétait constamment), *pour être heureux il faut toujours regarder au-dessous de soi.*

« Les prêtres d'Aire doivent s'estimer heureux de posséder Mgr Delannoy quand ils regardent tous ces évêques opportunistes qui sont en dessous de lui. Je ne parle pas de l'évêque de Beauvais : il est plus que dans les dessous, il est dans les bas-fonds.

« Mgr Delannoy est dans le juste milieu.

Il est si facile d'occuper cette place dans un temps où un évêque est éminent, quand il possède l'autocratie ondoyante de notre voisin, l'archevêque-cardinal de Bordeaux. Pauvre temps ! Pauvres évêques ! »

Je les ai sous les yeux tous ces griefs de prêtres ! Ils prouvent que le concordat en donnant aux évêques une puissance révoltante a changé la vie sacerdotale en un long et douloureux martyr.

Il y a une chose qui m'a frappé dans les renseignements que je recueille avec persévérance pour cet ouvrage : c'est l'unanimité des jugements.

A Beauvais tous les prêtres sont d'accord pour flétrir leur évêque. Ce que je dis de Beauvais, je le dis pour tous les diocèses passés en revue.

Voici le dossier d'Avignon. Tous les prêtres me demandent de ne pas parler de leur archevêque, car il est trop malade. Je n'aurais eu que du bien à dire de Mgr Vigne, mais enfin je respecte ce désir. Il n'y a que l'*Univers* qui attaque les malades et les morts. L'histoire du vénérable et savant

Mgr Bougaud est présente à toutes les mé-
moires.

Les prêtres de Fréjus sont tous d'accord
pour faire l'éloge de Mgr Mignot, ceux de
Cahors rendent tous hommage au caractère
épiscopal de Mgr Grimardias. Tous le
craignent et tous le respectent. C'est un
évêque de la vieille souche. Imitant l'illustre
évêque de Poitiers, le cardinal Pie qui voulait que sa vieille mère gardât au palais
épiscopal son bonnet de paysanne, il ne
rougit pas de ses parents pauvres.

Un jour, me racontait Mme X...., ma cuisi-
nière vint me dire que son oncle, de passage à Paris, venait la chercher pour sortir
avec lui. Je demandai alors à la brave fille
ce que faisait son oncle, elle me répondit
très simplement : « C'est l'évêque de
Cahors. » Vous jugez de ma stupéfaction,
quand j'appris que Monseigneur était tout
simplement assis à la cuisine.

Je le fais entrer au salon, le priant de bé-
nir ma petite famille. Monseigneur me raconte alors que sa nièce appartient à une
honnête famille du Puy-de-Dôme qui compte

quinze enfants, et devant moi il lui fit les plus touchantes et les plus délicates recommandations.

Constatons encore l'unanimité des renseignements pour le diocèse de Luçon.

« Notre évêque est un opportuniste, » est la phrase qui revient dans tous les lettres.

« Nous avons un saint », écrivent tous les prêtres de Périgueux en rendant hommage au doyen de l'Épiscopat français, Mgr Dabert.

Les prêtres du diocèse de Clermont et ceux du diocèse d'Evreux ont une peur terrible que leur évêque soit nommé à un archevêché.

Mgr Belmont et Mgr Sueur ont, en effet, rapidement conquis les sympathies de tous.

Mgr Belmont a d'autant plus de mérite qu'il n'était pas facile de remplacer Mgr Boyer. Ce pauvre Mgr Boyer ne demandait qu'à mourir dans son diocèse, et s'il est aujourd'hui archevêque impotent de Bourges c'est pour empêcher un Fuzet quelconque de s'emparer de ce siège archiépiscopal.

Par contre, Mgr Petit, archevêque de Besançon, a tout fait pour quitter son diocèse du Puy. L'état d'âme de cet évêque est curieux à décrire.

Au début de son épiscopat au Puy, il écrit des mandements républicains reproduits par les feuilles ministérielles. Quelque temps après, il fait le mort. Les prêtres de son diocèse disaient : « Monseigneur est décidément tombé dans le puits ».

On nous annonce une nouvelle évolution. Mgr Petit quand il sera cardinal deviendra un évêque protestataire, un second Gouthe-Soulard.

Passons rapidement les rivages de Nice où l'évêque, Mgr Balaïn, de l'ordre des Oblats de Marie, rêve de faire de ce coin enchanteur le paradis terrestre des religieux de son ordre; passons également Perpignan et Troyes où Nosseigneurs Gaussail et Cortet règnent et ne commandent pas; ne troublons pas le sommeil maladif de Mgr Gilly, évêque de Nîmes, de Mgr Goux, évêque de Versailles; laissons Mgr Cotton, évêque de Valence, et Mgr Hugonin, évêque de Bayeux, songer aux succès qu'ils eurent auprès des admiratrices d'antan; ne rendons pas plus difficile la mission de ce pauvre Mgr Pelgé forcé de réorganiser le diocèse de Poitiers désorganisé par deux préfets violets; laissons les jeunes évêques de Viviers et de Belley ainsi que le vieil évêque de Nevers protester toujours; n'oublions pas de nous courber en passant devant deux véritables évêques, Mgr Billard, de Carcassonne, et Mgr Fiard, de Montauban. Ne disons rien de ces évêques ternes qui passent dans leur diocèse en ne faisant pas le mal mais en ne faisant pas le bien. Ils se nomment Nosseigneurs Renouard de Limoges, Guillois du Puy, Lamouroux de Saint-Flour, Williez d'Arras, Valleau de Quimper, Dubourg de Moulins, Gilbert du Mans, Marpot de Saint-Claude, Laroche de Nantes. Par contre, nous devons nous arrêter devant la figure épiscopale de l'archevêque de Tours et devant celle de Mgr Perraud, l'évêque académicien d'Autun.

Pour ces deux prélats les avis sont bien partagés. Beaucoup sont persuadés que le cardinal Meignan n'a pas la foi. Pour cela il faudrait établir où commence et où finit la foi. La foi est-elle l'acceptation aveugle de toutes les manifestations vraies ou fausses du surnaturel ou tout simplement l'adhésion loyale et sincère au Credo apporté aux hommes par le Sauveur du monde? Si pour avoir la foi il faut admettre les miracles de Lourdes, Mgr Meignan n'a pas la foi. S'il faut tout simplement croire aux miracles de Jésus-Christ, l'archevêque de Tours a la foi, car il a prouvé ces miracles dans des pages qui restent comme un vrai monument d'érudition. Je regrette très sincèrement — car je crois aux miracles de Lourdes ayant vu dans ce coin privilégié des prodiges qu'il m'est impossible d'expliquer par les seules forces de la nature — je regrette donc très sincèrement que le cardinal Meignan ne croie pas à Lourdes, mais je me garderais bien de l'accuser pour ce motif de ne pas avoir la foi. Lourdes n'est pas un article de foi. Il faut bien que les catholiques qui doutent, le sachent. Il est bon, pour tranquilliser leur conscience, de montrer un cardinal qui prétend que la seule croyance aux miracles évangéliques suffit pour être un parfait chrétien.

Et ce cardinal a raison! La Vierge ne leur en veut pas. Elle n'est pas venue sur notre pauvre terre pour compléter l'œuvre de la Rédemption. L'œuvre de la Rédemption était complète puisqu'elle a été accomplie par un Dieu. Elle est venue pour confirmer dans la foi ceux qui ont besoin des manifestations répétées du surnaturel. Elle ne saurait en vouloir aux âmes privilégiées qui se contentent du miracle messianique et qui méritent de comprendre la parole du Maître quand il disait : « Heureux ceux qui croient et qui n'ont pas vu! »

Dormez donc en paix, prêtres de Tours, qui m'écrivez que Mgr Meignan n'a pas la foi. Pour être dans la vérité vous auriez dû dire qu'il n'avait pas la foi en Lourdes, mais qu'il avait la foi en Jésus-Christ. Cette dernière croyance suffit d'après l'Evangile. Nous y lisons en effet : « Celui qui croira en moi sera sauvé! »

Les avis diffèrent également sur la valeur

épiscopale de Mgr Perraud, évêque d'Autun.
Tous ses prêtres sont d'accord pour dire que
c'est un saint. Il y aurait des actes admirables à raconter sur la façon dont il exerce la
charité.

L'unanimité des renseignements n'est pas
aussi touchante quand on aborde le sujet de
la valeur intellectuelle du prélat. Les uns
le comparent à Fénelon, d'autres prétendent
qu'il a une réputation absolument surfaite.

Je suis de l'avis de ces derniers. Mgr Perraud est académicien, c'est-à-dire revêtu
d'une dignité qui devrait donner à toutes ses
œuvres une garantie de succès. Or, qu'est-ce
que Mgr Perraud a produit de transcendant
dans les lettres? Je mets à part quelques
belles oraisons funèbres qui ne valaient pas
celles de Mgr Freppel.

Académiciens, prêtres, évêques, simples
fidèles, faites appel à votre mémoire et de-
mandez-vous : « Qu'est-ce qui restera des
œuvres de l'évêque d'Autun après sa mort! »

Si vous croyez qu'il restera un livre, une
brochure de Mgr Perraud, je vous serai
reconnaissant de me les signaler, car pour

ma part je n'ai jamais rien lu qui justifiât le choix de l'Académie.

Et maintenant, hâtons-nous de conclure. Cet épiscopat aussi amoindri qu'il puisse être n'est pas encore l'Episcopat que rêve la franc-maçonnerie.

Tant que tous les évêchés ne seront pas occupés par des Fuzet, Dumay ne sera pas content. C'est à la Nonciature à veiller, c'est aux catholiques à dévoiler les ruses de l'ennemi, et c'est aux évêques à prouver que l'Episcopat est toujours et malgré tous la plus grande force morale du siècle. On peut l'amoindrir, mais on ne le détruira jamais.

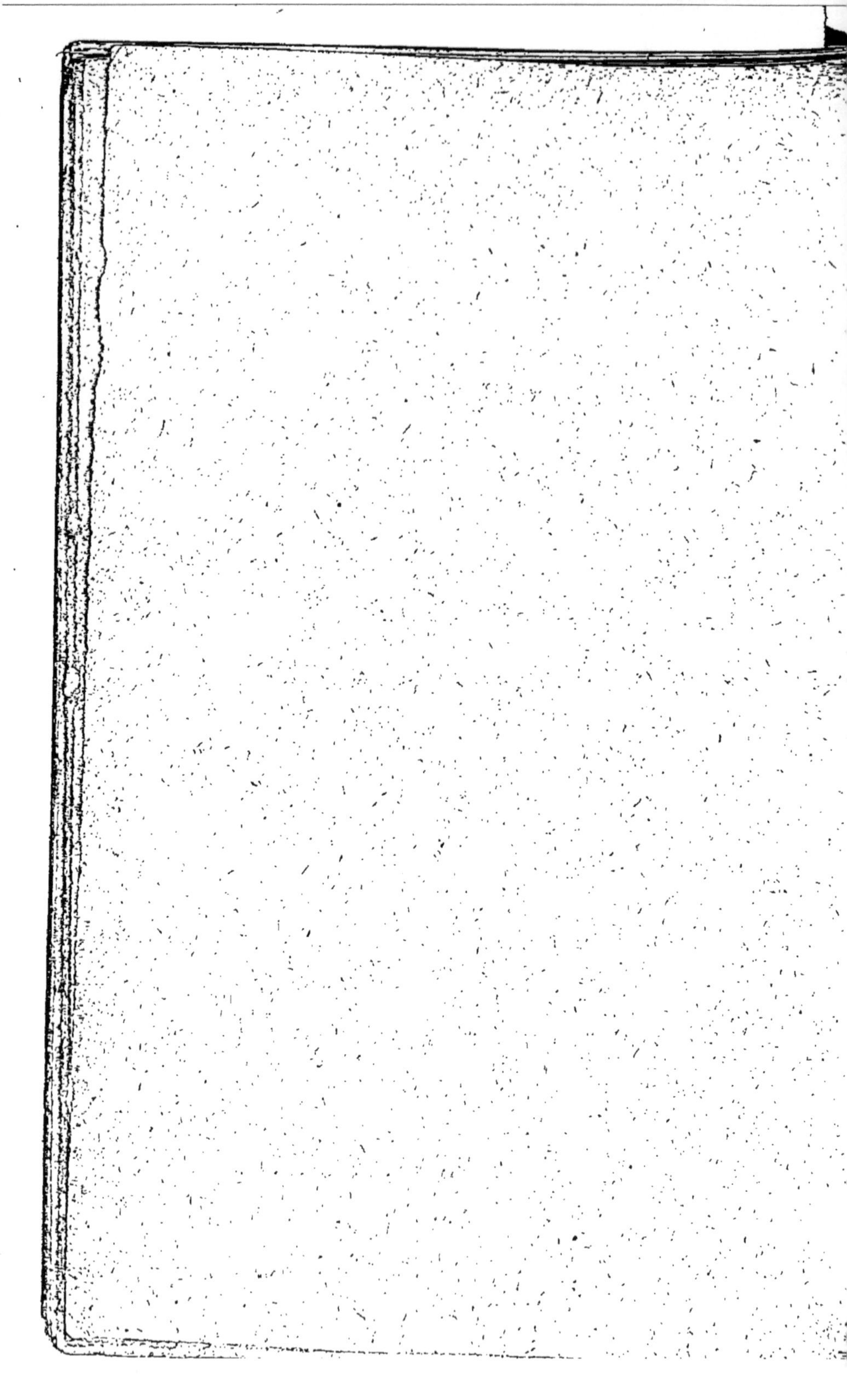

CHAPITRE V

LES CURÉS DE CAMPAGNE

En parcourant le vaste champ des œuvres
de régénération sociale et religieuse, on
s'arrête étonné devant un oubli, sans doute
involontaire, concernant la partie la plus
saine et la plus apostolique de notre
clergé français : les curés de nos campagnes.

Nous avons des œuvres vivantes pour nos
héroïques missionnaires qui portent aux
extrémités du monde le drapeau de la France
avec l'étendard du Christ, et nous n'avons
pas une œuvre sérieuse pour ces humbles
mais intrépides apôtres de nos bourgades
françaises.

Je ne regretterais pas d'avoir écrit mon
livre si ce chapitre pouvait faire naître

l'idée d'une œuvre qui aurait pour but de soutenir, d'aider, d'éclairer, de consoler matériellement et moralement les prêtres abandonnés qui préparent, dans la pauvreté et la solitude de nos campagnes, des citoyens pour la France et des chrétiens pour l'Église (1).

1. Il est utile d'ouvrir ici une parenthèse.

Quelques évêques pourraient croire que ce sont les pauvres curés dont les signatures vont suivre, qui m'ont fourni les renseignements sur l'Episcopat français. Pour faire cesser toute équivoque à ce sujet, il suffit d'expliquer comment je suis en possession de ces lettres. A un moment, j'avais eu l'idée d'éveiller l'attention des catholiques sur la triste situation des curés de campagnes, et j'avais fait annoncer dans plusieurs feuilles religieuses que les desservants trouveraient en moi un ami désireux de leur rendre service, dans ma modeste sphère.

Mon but était de fonder une grande œuvre sociale avec le concours de personnages considérables, qu'il est inutile de nommer pour le moment. Malheureusement, des obstacles imprévus nous forcèrent à renoncer à notre œuvre.

Ces obstacles vinrent bien entendu des évêques et des catholiques.

C'est ainsi qu'un brave curé de la Haute-Savoie m'écrivait :

« Mon cher monsieur, si vos articles pour la belle œuvre des curés de campagne n'ont pas été insérés dans les feuilles d'Annecy, la raison est qu'elles avaient reçu une défense de l'évêché. »

Imitant Séverine qui fait suivre ses articles du carnet des

Chaque jour il m'arrive des demandes de secours de braves curés. Ils savent bien que si je tape quelquefois sur les grands c'est parce que j'aime bien les petits.

Écoutez quelques-unes de ces plaintes des desservants de nos campagnes, prêtres de Paris, qui vous plaignez quand vous n'avez pas eu dans le mois assez d'enterrements ou de mariages de première classe ! ! !

Rignac près Martel (Lot).

Mon cher monsieur,

Nommé desservant depuis peu d'une pauvre paroisse, je trouve l'église et le presbytère délabrés. J'ai déjà dépensé beaucoup du mien, car ma paroisse étant une section, il est impossible d'ob-

pauvres, je me propose de réserver un chapitre *dans toutes mes œuvres*, à l'insertion des lettres des curés de campagne, réclamant des secours. Pour cela je prie mes honorable correspondants de faire en sorte que le récit soit écrit dans un style attrayant.

Je commence aujourd'hui par donner les lettres des curés qui m'ont écrit au moment où je tentais de lancer mon œuvre, espérant que mes nombreux lecteurs voudront bien soulager directement les infortunes signalées dans ce chapitre.

10

tenir quelque chose de la commune et la fabrique n'a que 220 francs de recettes, somme vous le voyez tout à fait insuffisante pour subvenir aux dépenses ordinaires. Et notez qu'il nous faudrait cinq à six mille francs pour mettre le tout dans un état convenable. Puisque, mon cher monsieur, vous voulez bien vous occuper du sort malheureux des desservants, quel bonheur ce serait pour moi et combien je vous en serais reconnaissant si vous pouviez me procurer quelques ressources que Dieu certainement rendrait au centuple aux généreux bienfaiteurs.

Daignez recevoir l'expression de mes meilleurs sentiments en Jésus-Christ.

L'abbé Auguste LOUBRADOU,
Curé de Rignac, par Maral (Lot).

Les lettres qui vont suivre, je les dédie très respectueusement à monsieur le curé de Saint-François de Sales, de Paris, qui m'a pas... encore fonder une école libre de garçons malgré les grandes ressources de la paroisse.

Doyenné de Mormoiron, diocèse d'Avignon.

Mormoiron, le 27 novembre 1893.

Monsieur,

Des occupations nombreuses et une petite maladie sont cause de mon retard pour ma réponse à votre bonne et consolante lettre du 14 courant.

1° J'ai deux écoles à soutenir et il me faut chaque année la somme de trois mille francs. Deux frères Maristes et quatre sœurs de Saint-Joseph des Vaus. J'ai un généreux paroissien qui me donne mille francs; mais ce brave homme a quatre-vingt-un ans et rien d'assuré après lui. Malgré toutes mes démarches je ne puis rien obtenir. Je ne puis pas établir de comité. Personne autre ne me donne. On est pauvre. Il y a la ruine dans le pays et les quelques personnes qui ont de l'aisance sont très *serrées* et ne comprennent pas assez notre œuvre des écoles.

Personnellement je n'ai aucune fortune. J'ai un casuel dérisoire. Presque point d'intentions de messes. Je chante une grand'messe par trimestre pour les âmes du Purgatoire, ce qui vous dit si on donne beaucoup.

Il faut donc trouver deux mille francs hors de ma paroisse et vous savez aujourd'hui les difficultés pour obtenir quelques secours.

2° Il pleut dans l'église et au presbytère et la commune ne veut pas nous venir en aide. Une sacristie dans l'eau est meurtrière pour ma santé. Les ornements en mauvais état sans pouvoir les renouveler. Voilà, monsieur, quelque chose de nos misères et le tableau n'est pas chargé, je vous l'assure. Je ne puis pas abandonner nos écoles catholiques, parce que ce serait un vrai désastre pour la paroisse et le triomphe de nos francs-maçons qui sont très nombreux dans le pays.

Dans une semblable position pensez donc, monsieur, si je ne recevrai pas avec la plus grande reconnaissance tout ce que vous voudrez bien faire pour moi. J'aurais été heureux si vous aviez battu le fameux Pourquery (1) qui est mon parent par sa femme, fille de ma cousine germaine, mais nos idées ne sont pas les mêmes.

Veuillez agréer, monsieur, avec ma vive gratitude, l'hommage de tout mon respect.

C. ROUX.

---

1. Je me suis, en effet, présenté à Avignon, où j'ai réuni 6.799 voix. N'ayant pas été élu j'aurais préféré réunir 6.799 francs pour ce brave curé.

Comps.

Cher monsieur,

Ma paroisse est située sur les bords du Gardon au confluent du Rhône. C'est vous dire qu'elle est exposée souvent aux inondations. Mon église a souffert beaucoup de ce mauvais voisinage. En déhors de l'humidité constante qui y règne, les murs ont été ébranlés, l'arc triomphal du sanctuaire est en mauvais état, la voûte est toute lézardée et j'ai peur qu'un accident arrive. Il faut à tout prix remédier à cet état de choses. Mais comment ? la commune est très pauvre, d'autre part la municipalité est hostile et la charité privée n'est pas généreuse. Je suis obligé de me saigner les quatre veines pour soutenir mon école libre. Je vous serai donc très reconnaissant de recueillir quelques dons auprès des âmes pieuses, qui ne manquent pas grâce à Dieu dans la capitale et de me les envoyer au plus tôt.

Agréez, monsieur, l'expression de ma reconnaissance anticipée avec mes respectueux hommages en Notre-Seigneur.

L. BERTHIER.

D'après l'avis d'un architecte qui a eu la bonté de visiter les lieux il me faudrait 6.000 francs pour

10.

faire toutes les réparations, mais, avec 2.000 francs
cependant, je puis faire le plus urgent; Dieu fasse
que je les trouve ! car je ne dois compter que sur
la Providence. Ni l'Etat, ni le département, ni la
commune ne peuvent ou ne veulent rien me donner.

Je dédie la lettre qui va suivre et qui
vient du Gard, pays protestant, aux catholiques de Paris qui prétendent ne pas avoir
le temps d'aller à la messe quand les messes
se succèdent sans interruption de cinq
heures du matin à une heure de l'après-
midi.

Monsieur,

Ma paroisse isolée des autres de deux lieues,
se compose de hameaux disséminés sur quatre ver-
sants formant quatre vallées, dans une le Vidourle
prend sa source. Pas de village, les catholiques ont
le temps seulement d'assister à la messe; à la première ou à la deuxième et à la bénédiction. Pas
de vêpres, à l'exception des fêtes. Lorsqu'il fait
beau temps, mes catholiques apportent leurs pa-
niers garnis afin de se restaurer après les messes.
Tous sont cultivateurs, pratiquant leur religion,

mais pour venir à l'Eglise ils marchent une heure, deux heures, deux heures et demie, autant pour le retour.

A la maison de Dieu, on fait des réparations, quelques améliorations, chaque année. Elle est plus digne d'une année à l'autre, seulement on fait l'essentiel et encore, tant nous sommes pauvres. Il en est de même de ma cure; que de réparations je ne fais point, parce que je n'ai pas de ressources. J'y mets du mien et à l'église et à la cure et, malgré tout, impossible d'en venir à bout. J'attends que, Dieu aidant, il y ait moyen de pourvoir à toutes ces dépenses.

J'ai demandé un secours pour mon église auprès du Conseil général, or il faudrait que le Conseil municipal vote quelque chose, que l'Eglise ou mes paroissiens fissent une souscription. Pas possible de prendre ces moyens, il a fallu y renoncer.

Veuillez recevoir par avance mes sincères remerciements.

ALFRED FABRE,

Curé de Saint-Roman-de-Codière,
par Sumène (Gard).

P.-S. — Le Calvinisme ou Protestantisme est dans nos parages, jugez si ce contact est agréable; bien que l'on cherche à vivre avec ses partisans par des bons rapports. Même je n'ai pas à me plaindre d'eux: au contraire, ils sont pleins d'égards

pour moi, qui suis dans cette paroisse déjà depuis
onze ans. J'aime leurs personnes, pour leur doc-
trine je la déteste; et je n'ai pas assez de remerciements à faire à Dieu, pour être sorti moi-même de
cette mauvaise Réforme, afin de rentrer dans le sein
de la vraie Eglise catholique.

Tout à vous en Notre-Seigneur Jésus-Christ.

J'ai dit que l'on devait trouver les moyens
de venir *moralement* en aide aux curés de
campagne.

Il y aurait tout un chapitre à écrire sur le
sujet suivant : *Des moyens pratiques d'empêcher l'ennui de pénétrer dans les presbytères de
campagne.* Nous avons des prêtres qui tiennent le pinceau; on devrait les encourager
en présentant leur œuvre au Salon; d'autres
qui écrivent. Ceux-là devraient pouvoir
placer facilement leurs œuvres dans une
maison d'édition créée spécialement pour
eux. Il y en a enfin qui se livrent à mille
industries champêtres. On devrait fonder
une grande exposition pour la vente des
produits ou des objets d'art sortis de nos
presbytères. Comment voulez-vous qu'un

prêtre ne s'ennuie pas à la campagne, quand il est dans la situation de ce malheureux correspondant ?

Fontenay-les-Briis.

Monsieur,

Il n'avait point paru que l'on connût les souffrances de certains prêtres déshérités qui ne rencontrent dans leur paroisse aucune de ces consolations qui réjouissent et reposent l'âme sacerdotale. Et cependant qu'elles sont grandes ces souffrances !

Ah ! oui, monsieur, il est dur pour un prêtre de vivre au milieu d'une population qui ne veut rien entendre des choses religieuses, qui vous fuit, qui n'aime et n'entend soigner que la matière ! Il est dur de voir son église vide le dimanche, de ne s'entendre jamais appeler près des mourants, de ne presque jamais entrer au confessionnal pas plus au temps pascal qu'en tout autre temps, d'admettre à la première communion des enfants qui, le dimanche suivant, ont dit adieu à l'Eglise !... Il est dur de se trouver ainsi seul, incompris, abandonné, sans pouvoir rien réaliser de l'œuvre à laquelle on a voué sa vie ! Oui, c'est dur, et c'est effrayant d'avoir charge d'âmes en de telles conditions. Pas de milieu : ou l'on se perd soi-même,

en ayant le malheur de l'habiter. À cette trist[e]
situation s'ajoutent [...] aux prises avec une foule de [...] toi[s]
les jours, de toutes les heures [...]

Voilà notre situation, monsieur, à moi comme
à beaucoup de mes confrères qui s'occupent de ces
malheureux ; [...] vérités [...] paroisses [...] jouée [...] dans [...]
[...] que [...] en [...]

Quant à nos ressources matérielles, elles sont
ce que vous pouvez penser : à peu près nulle.
Ainsi telle heure où je vous [...] le compte [...]
de [...] pour moi [...] de loin [...] [...] [...]
du gouvernement [...] de temps à autre quelque[s]
[...] -dits [...] décharge [...] vous [...]
[...] qu'ils [...] qui vivent [...]

Dans le voisinage de Paris, d'une [...] horrible
[...] [...] [illegible]

Mais je n'eusse jamais cru devoir y verser tant de larmes !

Il faut vous dire que je n'ai que trente-deux ans et que je suis *breton d'origine* !

Aurai-je le courage de demeurer longtemps ici ? Je ne puis en répondre.

Veuillez prier et faire prier pour moi. Nul ne peut en avoir plus besoin.

Daignez agréer, monsieur, l'hommage de mon respectueux dévouement en Notre-Seigneur.

LE BELLEGUY,
Curé de Fontenay-les-Briis,
par Bruyères-le-Châtel (Seine-et-Oise).

Autre lettre du même curé :

Fontenay

Monsieur,

J'ai l'honneur de vous adresser l'expression de ma très vive reconnaissance pour votre bonne et généreuse lettre.

Avant d'y répondre j'ai voulu réfléchir et consulter.

Malheureusement je ne puis oser d'ici quelque temps encore risquer une mission. Mon prédécesseur en a fait donner une il y a deux ans, et les résultats ont été fort tristes. Presque personne ne venait à l'église. Le pauvre curé en est même parti de découragement, et je le comprends. Je sens ce mal me gagner en dépit de tout effort.

Si vous pouviez toujours me prêter secours, je serais bienheureux d'apporter quelque amélioration à notre pauvre église délabrée. Au moins en cela j'aurais la certitude de faire quelque chose d'utile et de durable.

Mais il faut bien vous le dire, je ne dispose d'aucune ressource, notre fabrique n'a que des dettes et je suis le plus pauvre des prêtres. D'autre part notre église est tout ce que vous pouvez imaginer de misérable. Nous n'avons même qu'une cloche cassée qui donne un horrible son. Ah! que tout cela est triste, cher monsieur!

Que faire? Par quel bout commencer? Je n'en sais rien. N'ayant rien à attendre d'autre main que de la vôtre, ce dont vous pourrez disposer en ma faveur m'inspirera et me guidera.

Veuillez agréer, monsieur, l'hommage de mon respectueux dévouement en Notre-Seigneur.

Le Belleguy.

Messieurs les curés de ville, qui avez des

vieux ornements, écoutez la plainte de ce pauvre curé !

Camenil, par Monteuq (Lot).

Cher monsieur,

Le soussigné curé de la plus pauvre paroisse du diocèse de Cahors vient avec confiance faire appel à votre charité.

Le presbytère qu'il habite réclame une réparation urgente, pour lui offrir un abri contre le mauvais temps qui commence, et il est sans ressources, comme ses paroissiens, qui ne peuvent lui rien donner pour acheter ce qui manque au vestiaire de notre pauvre église, en particulier une chape blanche. Il vous remercie par avance du secours que vous pourrez lui accorder, soit pour son église, soit pour son presbytère et il demandera au bon Dieu de récompenser lui-même votre charité.

L'abbé CONTE,
Curé de Camenil, par Monteuq (Lot).

N'est-ce pas que l'on touche du doigt toutes ces misères apostoliques ? Comme l'on comprend alors la politique de Léon XIII

qui veut éviter à tout prix la séparation de
l'Eglise et de l'Etat ! Que ferait le curé de
campagne sans l'indemnité gouvernementale? Si nous avions la séparation de l'Eglise
et de l'Etat le clergé de nos grandes villes serait trop riche. Ce serait un clergé de jouisseur. Mais le clergé de nos campagnes dé-
pourvu de châtelains serait trop pauvre. Ce
serait un clergé de meurts-de-faim. Voyez
les prêtres qui ont été *iniquement* privés de
leur traitement ce qu'ils pensent de la situation qui leur serait faite !

Monsieur,

Aujourd'hui la charité est ingénieuse pour secourir toutes les infortunes et, chose étrange, on né-
glige absolument de s'intéresser à la plus noble des
infortunes, à celle qui doit, à mon avis, passer la
première, à la misère du pauvre prêtre qui se dé-
voue d'un dévouement incomparable pour le bien,
et qui, souvent, bien souvent, souffre des nécessités
de la vie, surtout quand on lui supprime sa trop
maigre indemnité de 900 francs.

D'ordinaire le prêtre est pauvre, sans patrimoine,
sans économies, avec un casuel à peu près déri-

soire et qui n'est pas même payé. — Comment faire pour vivre ?

Ici, monsieur je vous parle en toute connaissance de cause. — Je suis un de ces malheureux desservants.

Depuis plus de six ans on me refuse mon indemnité au mépris de tout droit, et de toute justice et en violation de la loi.

Je viens donc, en toute confiance, me recommander à votre bienveillante sympathie et vous prier de vouloir bien agréer, avec toutes mes félicitations, l'assurance de mes sentiments les plus profondément respectueux.

H. BIGEL,
Curé de Saint-Antoine de Lisle,
par Saint-Seurin-sur-Lisle (Gironde).

Monsieur,

Deux mots vous donneront un petit aperçu.

Petite paroisse de 287 âmes, paroisse pauvre.

Ma famille qui est avec moi se compose de trois personnes et moi, ce qui fait quatre.

Avec cela le maire de la commune que je m'abstiens de qualifier, voulant que Monseigneur me change, afin d'arriver plus facilement à son but, du moins le croit-il. Il me fait retenir mon traitement depuis plus de six mois.

Ces quelques détails, monsieur, sont bien de nature à vous faire voir qu'un secours me serait bien
utile et si un prêtre de campagne a besoin qu'on
vienne à son aide, c'est bien moi.

J'espère bien voir finir bientôt la manœuvre indigne de notre tyran de village, mais il n'en est pas
moins vrai qu'il m'est impossible dans l'état actuel
de subvenir aux besoins des miens.

Veuillez, monsieur, avec tous mes remerciments,
agréer mes très respectueuses salutations.

F. LEROUS,
Curé à Parville,
par Valence d'Agen (Tarn-et-Garonne).

Je dédie la lettre suivante aux catholiques
qui envoient des autels splendides et des
ornements merveilleux dans les missions et
qui oublient qu'à leur porte il y a des églises
qui tombent en ruine. Écoutez ce pauvre curé
de la Marne :

Clesles, par Saint-Just-Sauvage (Marne).

Monsieur,

Comme vous je souffre depuis bien longtemps
de voir les curés de campagne seuls en face de si-

tuations souvent impossibles ! Il y a des diocèses et des paroisses où la vie est particulièrement pénible. J'en sais quelque chose.

Au sortir du grand séminaire de Châlons je fus nommé curé de trois petites paroisses aux environs de Sézanne. J'avais vingt-trois ans. Je trouvai trois églises absolument dépourvues. Dans l'une le maître-autel était formé de quelques planches mal jointes sur lesquelles on avait collé du papier d'appartement. Le tabernacle n'avait point de serrure. Au surplus, c'était inutile, car jamais on ne conservait le saint-sacrement. De ciboire, point. Personne ne communiait. Le plafond tombait, le carrelage était... absent. Au premier baptême que je fis, je trouvai dans le baptistère, en guise d'eau bénite, non pas un rameau, mais un rat mort. Chose curieuse, il y avait cependant dans cette triste église d'un triste village un confessionnal!! J'aurais dû le brûler, car il ne servait qu'aux souris et aux araignées. Je me trompe, les gens à marier s'y présentaient la veille de leur union.

Voilà le beau lot que je reçus en partage à mon entrée dans la vie sacerdotale et avec la meilleure volonté du monde je ne pouvais remédier à rien. L'église en question n'étant ni succursale, ni annexe il était impossible de rien obtenir pour elle, soit du conseil général, soit du gouvernement. J'aurais essayé d'une souscription si j'avais eu à offrir une première somme, mais où la trouver ?

Maintenant j'ai l'honneur de solliciter un secours

Cette lettre je l'adresse en double au curé de Saint-Pierre de Chaillot et au curé de Saint-François de Sales qui n'ont pas trouvé moyen de reconstruire dans leur trop riche paroisse des églises insuffisantes. Qu'ils imitent ce brave curé qui fait souscrire sa famille pour élever une église. S'il avait, comme le curé de Saint-François de Sales un bel hôtel de banquier juif, je parie qu'il l'aurait vendu pour élever un bel autel au Christ-Jésus. Voyez comme il est ingénieux ce pauvre petit curé ! Lisez la circulaire adressée aux curés de son diocèse.

Diocèse de Châlons-sur-Marne.

La Chapelle-Lasson, par Anglure (Marne).

Monsieur le curé,

Auriez-vous la charité de me donner un coup de main pour la restauration de mon église qui menace de me tomber sur la tête ? Si oui, acquittez une messe à mes intentions et laissez-m'en l'honoraire pour l'œuvre que je vous indique.

Ce ne sera point, je vous l'affirme, exercer la

charité à l'envers, car j'ai tout à faire dans l'église de La Chapelle-Lasson.

Je viens de vous parler des voûtes. La toiture, la charpente, le maître-autel, le carrelage, le confessionnal, etc., sont à l'avenant.

On parle beaucoup du prêtre à la sacristie, je n'ai point de sacristie.

Si vous me retournez votre carte, je comprendrai que vous acceptez ma proposition et fixerai en même temps l'intention de la messe à acquitter.

Ne me refusez pas, je vous prie. Vous aurez bien mérité d'un curé qui n'est pas à son aise avec une situation pareille, et d'une paroisse depuis longtemps très déshéritée.

Veuillez agréer, en attendant, l'expression de mes meilleurs sentiments en Notre-Seigneur Jésus-Christ.

J'ai dit que le curé de campagne devrait être soutenu moralement.

On me répondra : l'évêché est tout désigné pour cette mission. Laissez donc tranquille, l'évêque est presque toujours avec les tyranneaux de village contre le curé. Jugez-en par la lettre suivante. Je ne mettrai que le nom du département pour ne pas créer d'ennuis à mon honorable correspondant.

(Vienne).

Cher monsieur,

Je vous assure que pendant que Moïse est avec Dieu sur la montagne il nous faut rudement combattre comme Israël dans la plaine. Nous sommes bien le clergé *militant* et *méritant*.

En deux mots voici mon cas : j'ai succédé à un excellent jeune prêtre très zélé, trop ardent peut-être et que la politique a fait impitoyablement chasser de sa paroisse par une pression du préfet sur la *volonté épiscopale.*

Je m'abstiens d'apprécier les faits et leur responsabilité. Ce que j'apprécie ce sont les fatales conséquences, pour moi, des actes de mon prédécesseur.

J'aurai tout dit, en un mot, quand j'aurai dit qu'il avait tout fait en dehors de la légalité. *Inde iræ.*

Démolition de choses construites par mon prédécesseur, procès de toute nature que l'on a perdus, réclamations *fort justes* d'ouvriers mis en œuvre illégalement. J'ai dû, par la volonté de mon évêque, tout endurer, tout supporter. Après un déménagement très coûteux j'ai dépensé tout ce que j'avais en réserve et même je me suis endetté de 500 francs pour faire honneur à ces difficultés.

Jusque-là je n'ai rien dit.

Voici que je me trouve à bout de ressources et

11.

que j'ai été obligé, il y a quatre jours, de laisser protester une traite assez ronde.

Heureusement la nouvelle qu'il est encore des âmes qui s'occupent de nous vient de me donner le courage de vous avertir de cette situation que je n'ai pas créée et de vous demander de me venir en aide.

Quelques centaines de francs me mettraient pour toujours à l'abri du besoin et je serai pour toujours (1),

Votre très obligé,

X.,

Curé du diocèse de Poitiers, canton de......
paroisse de.....

N.-B. — Le temps presse, si vous le pouvez sauvez-moi. Je prierai Dieu pour vous. N'ayant pas de messes, j'accepterais aussi des honoraires et en donnerais aux autres.

Quelques jours après, ce pauvre curé écrivait :

Monsieur,

Voici la situation exacte d'un curé de campagne, qui a grand besoin d'un prompt secours d'ar-

---

1. Les personnes charitables qui voudraient secourir ce pauvre prêtre n'auront qu'à me demander son adresse.

gent, pour sortir de la peine où l'a mis le *zèle exa-géré* d'un prédécesseur un peu trop ardent en *matière politique*, zèle dont je m'efforce (les autorités civiles de tout le pays en sont témoins) de réparer les effets par trop désagréables pour moi.

1° Une *démolition* de sacristie, bâtie par mon prédécesseur sur un terrain désaffecté, a été pour moi une source d'embarras que je ne puis raconter à tous.

2° Il y avait dans l'église une ouverture pour pénétrer dans le clocher. Mon prédécesseur, ayant par une voûte bouché cette ouverture, la commune nous a condamné à faire établir une échelle extérieure en fer.

3° Le refus, par mon prédécesseur, d'établir sur l'église une stalle réclamée par un propriétaire voisin le vétérinaire, a fait faire à ma Fabrique, qui a perdu le procès, plus de quatre cents francs de frais... Je ne parle pas de toutes les difficultés survenues pour la cure parce que mon prédécesseur a voulu faire creuser une cave sans l'exécuter légalement. Ce qui m'ennuie le plus : c'est la réclamation très juste de la somme de 617 francs faite par un entrepreneur honnête, pour travaux supplémentaires faits à la toiture de l'église, travaux que la commune, la fabrique, mon prédécesseur et un ancien maire changé, ont refusé de payer, malgré des poursuites judiciaires. Ce qui est certain c'est que l'ouvrier très honnête a fait l'ouvrage qu'on lui avait commandé.

Voici, monsieur, le résumé de ma situation, pour laquelle j'implore votre secours, car notre député, M. X., m'est inconnu.

Excusez ma mauvaise écriture, j'ai à peine le temps en ce moment.

Je vous remercie d'avance.

Obtenez-moi ce que vous pourrez, vous voyez le besoin où je suis. Croyez que j'ai tout fait déjà pour réparer les effets du zèle politique de mon prédécesseur.

Celui qui sera votre très obligé,

X.

Curé à X.

Le curé de Gallargues dans le Gard m'écrit : « Il serait temps qu'il se fondât une société sérieuse (1) pour venir en aide à ces pauvres prêtres qui, comme moi, ne parviennent pas, malgré toute leur bonne volonté, à gagner honorablement leur vie, alors que... »

Je suis, écrit-il, dans un pays où se trouvent près de 2.000 habitants. Sur ce nombre j'ai à peine **270** ca-

---

1. Mon honorable correspondant a raison d'ajouter une *société sérieuse*, car il existe une œuvre pour venir en aide aux curés de campagne, mais quand un desservant demande un secours la caisse est presque toujours vide.

tholiques ; tout le reste est protestant. Je touche 900 francs du gouvernement ; des messes il n'y en a pas plus de 12 par an ; mon casuel est nul, précisément parce que les protestants ne font rien payer. Ajoutez à cela que, chaque jour, sans compter les pauvres de la paroisse, il passe au moins vingt pauvres ambulants ; et vous comprendrez comment je puis faire pour arriver à nouer les deux bouts.

Quant à la paroisse, vous m'avez bien embarrassé pour vous dire quels sont ses besoins plus urgents.

Elle manque de tout ; tous les ornements sont à renouveler, excepté le noir, et qu'il me suffise de vous dire que lorsque je suis arrivé dans cette paroisse il n'y avait pas de confessionnal. Pas de porte, tout vermoulu ; il est vrai qu'on n'en use guère ; ils ne sont pas dévots.

Il peut y avoir des paroisses aussi pauvres que la mienne, mais de plus pauvres, je ne le crois pas.

Il peut y avoir des curés aussi pauvres que moi, mais plus pauvres, je ne le crois pas.

Voyez donc ce qu'il vous reste à faire ; et quelle que soit votre détermination, je serai toujours content.

En attendant, recevez, monsieur, l'expression de mes sentiments les plus respectueux.

L'abbé GUIRAUD,
curé à Gallargues (Gard)

Un curé de Seine-et-Marne m'écrit :

Au point de vue religieux, ma position est bien triste; cinq ou six femmes à l'église!

Au point de vue financier, j'ai peu de chose à côté de mon modeste traitement, et en outre j'ai ma mère infirme sur les bras. Pourriez-vous faire quelque chose pour moi? Ma reconnaissance serait bien grande.

Veuillez agréer, monsieur, l'assurance de mes sentiments dévoués en Notre-Seigneur.

A. BOSONNET,
Curé de Formonville,
par Nemours (Seine-et-Marne).

Je ne regretterai pas d'avoir écrit ce livre si je suggérais à une âme ardente le désir de faire quelque chose pour les curés de campagne. Pour cela il faudrait dresser la liste des desservants abandonnés dans un pays qui n'a ni châtelains, ni paroissiens riches, et créer pour leur venir en aide une seconde œuvre de la propagation de la foi. Si les catholiques de France oublient plus longtemps les desservants de France pour s'occuper exclusivement des missions de l'étranger, ils imiteront cette mère de famille qui passait son temps à faire des robes pour les petits Chinois et qui laissait aller ses enfants en guenille.

CHAPITRE VI

LES ORDRES RELIGIEUX

Les ordres religieux ont été nommés à juste titre : la réserve de l'Église. Quand dans un regard inquiet on juge cet épiscopat pusillanime et ce clergé jouisseur, on espère un peu, en voyant ou en croyant voir l'esprit évangélique se perpétuer dans les ordres religieux.

Il est évident que ce sont les moines qui gardent encore, mais jusques à quand? les principes de la morale chrétienne. Au premier rang nous devons saluer les fils du patriarche d'Assise.

Au moment où l'église allait finir dans la mollesse et la volupté, Dieu suscita un pauvre volontaire qui devait réveiller la léthargie de son siècle.

François d'Assise passa au milieu des petits abbés endormis sur les sofas des courtisanes avec ses pieds nus, sa corde grossière, sa robe de bure. Et le monde qui ne croyait plus à la vertu suivit le séraphique père des frères de la Corde.

Ils furent douze, maintenant ils sont légion. Leur sang a rougi les plages barbares, leur vertu a fécondé la sainteté sur des terres de boueuse volupté. Et comme récompense ils sont devenus les gardiens du berceau et du tombeau du Christ.

Pour défendre cet héritage ils eurent des martyrs, mais leurs pieds déchaux n'ont pas laissé à l'hérésie une parcelle des droits de la catholicité. Je ne suis pas assez documenté pour défendre ou attaquer les polémistes fougueux qui prétendent que les franciscains de Terre Sainte sont Italiens avant d'être catholiques. Je crois que dans cette question il y a un peu de jalousie, beaucoup d'ambition et très peu de catholicisme. Nous avons en Terre Sainte des représentants de la France qui ne manquent pas une occasion de se courber devant les frères de la Corde.

Il faut bien qu'ils aient des raisons sérieuses pour agir ainsi.

Tout en réservant mon humble jugement pour l'avenir, je crois jusqu'à nouvel ordre que les franciscains sont en Terre Sainte ce qu'ils sont en France, les plus dévoués défenseurs des droits de la catholicité.

Depuis que leur père saint François réveillait la torpeur de son siècle, ils n'ont jamais manqué d'apporter aux siècles qui se sont succédé le remède au mal dont ils souffraient. Renan a dit une parole qui prouve que la figure de François d'Assise est une figure immortelle.

« Moi seul, dans mon siècle, ai compris Jésus et François d'Assise. » Je crois que Renan s'est fait illusion, car Jésus et François d'Assise étaient les maîtres de l'humilité, et lui a toujours été le disciple de l'orgueil le plus monstrueux. Mais Renan en assimilant la sainte figure de François d'Assise à la divine figure de Jésus nous montre que c'est le saint qui s'est le plus approché de la perfection.

Aucun homme ne fut aussi parfait que

lui, aucun homme ne fut aussi bon que lui, aucun homme ne fut aussi puissant que lui.

Ce qui fait la force des saints et ce qui est l'original cachet de la sainteté, c'est que les saints se survivent et qu'ils n'ont jamais été plus vivants qu'après leur mort. Quelle paternité féconde sort de ces âmes vierges !

Comme Abraham leur paternité est aussi nombreuse que les grains de sable de la mer ! François d'Assise dort non pas dans le sommeil de l'oubli comme les grands hommes du siècle, mais dans la splendeur vivante comme les grands hommes de l'Éternité. La corde de ses fils secoue encore la torpeur de ce clergé fin de siècle et les frères de la corde sauvent encore l'Église du XIXe siècle comme ils sauvaient celle du moyen âge.

Chose providentielle, miracle qui embaume le surnaturel pour ceux qui n'aiment pas les miracles violents qui bouleversent l'ordre de la nature, ils sauvent l'Église avec un mort de plusieurs siècles. Et quel mort ! Son nom est sur toutes les lèvres car il est dans beaucoup de cœurs. J'ai nommé saint Antoine de Padoue. Aux démagogues qui présentent la bombe pour résoudre la question sociale, cet aimable saint présente un petit enfant sur le berceau duquel les anges chantèrent : *Pax hominibus bonæ voluntatis.* Paix aux hommes de bonne volonté !

Jusqu'à ces derniers temps, nous ne connaissions saint Antoine que par nos grand'-mères qui l'invoquaient quand elles avaient perdu la clef de leur armoire. C'était en somme un bon petit saint de légende dont on se débarrasse quand on est devenu un homme ; c'est-à-dire, la plupart du temps, un imbécile. Mais voilà qu'un événement de minime importance a fait de saint Antoine de Padoue le plus grand et le plus pratique socialiste du xix° siècle. Il laisse très loin derrière lui M. Jaurès et je doute que la blouse de ce pauvre Thivrier suscite les miracles enfantés par sa bure de moine.

Sa naissance n'est pas une naissance ordinaire. Ce n'est pas un de ces novices que des vieilles filles vont chercher dans les campagnes pour en peupler nos couvents.

Il naquit sur les bords du Tage, à Lisbonne, et, avant de rendre célèbre le nom d'Antoine de Padoue, il s'appelait Ferdinand de Bouillon.

Cet enfant qui devait avoir un trône voulut marcher les pieds nus à la suite de François d'Assise, et c'est pour cela qu'après sept cents ans les rois et surtout les pauvres baisent ses pieds. « Ils sont si beaux les pieds de ceux qui vont annoncer la paix. »

Antoine est un merveilleux apôtre : quand son éloquence n'est pas assez persuasive pour convaincre les foules, le Christ qui a dit à ses disciples : « Vous toucherez les serpents et vous ne ressentirez pas leurs morsures » lui donne la puissance du miracle.

Ici il faut ouvrir une parenthèse qui fera connaître mon état d'âme, ou plutôt l'état d'âme de beaucoup de nos contemporains.

Nous avons — même ceux qui ont une foi très sincère — la peur instinctive du miracle proclamé et un immense besoin du miracle qui ne vient pas. Je ne sais pas bien si je me fais comprendre, mais ce qu'il y a de certain c'est que je vois très bien ce que je veux dire ou plutôt ce que je voudrais dire :

« Change ces pierres en pain, disaient les pharisiens au Christ, et nous croirons en ta mission. »

Ce n'est pas vrai, ils n'y croiront pas plus après qu'avant.

Quand le Christ fait éclater sa puissance, ceux qui lui demandent des miracles disent alors : « C'est par Béelzébuth qu'il guérit. »

Je l'ai dit dans un autre livre, l'argument n'a pas changé. Aujourd'hui quand un fait miraculeux se passe on nous dit qu'il s'est accompli par un fluide magnétique.

Qu'est-ce que c'est qu'un fluide? Et qu'est-ce que c'est que le magnétisme? Il n'y a pas un savant pour vous le dire d'une manière concluante. Il n'y en a pas un.

Si j'ouvre le dictionnaire le plus incomplet. J'ouvre celui qui est sur mon bureau, car il est très incomplet; je lis : Fluide, courant magnétique provoqué par une cause inconnue. Pourquoi la sainteté ne serait-elle pas un fluide qui nous échappe?

Avez-vous jamais vu un saint? Je sais bien

qu'ils ne courent pas les rues, mais enfin le jour où dom Bosco est venu à Paris, un fluide s'est établi entre des âmes qui cherchaient la vérité et cet homme qui la possédait, et la police a dû être mise sur pieds pour empêcher l'affluence des gens qui voulaient baiser le bord de sa robe.

Nous venons d'avoir ce spectacle dans la chapelle des Récollets de la rue de Puteaux ce 11, 12, et 13 août 1895, pendant les prédications du célèbre capucin de Toulouse, le Père Marie-Antoine.

Un incrédule que j'avais conduit dans cette chapelle a failli être étouffé pour arriver jusqu'à sa robe de bure. Et comme je m'en étonnais il m'a répondu : « J'ai senti un fluide s'échapper de cet homme. » C'était le fluide de la sainteté. C'était le fluide qui s'échappait de la robe du Christ touchée par cette pauvresse qui disait en pleurant de ne pouvoir l'approcher : « Si seulement je touchais le bord de sa robe, je serais guérie. » Et la femme le toucha, et la femme fut guérie, et le fluide existait tellement que Jésus sentit une vertu qui sortait de lui.

Au point de vue scientifique c'est bien la définition du fluide et du fluide magnétique.

Or donc, François d'Assise et Antoine de Padoue ont fait des miracles qui m'ont troublé, je l'avoue très sincèrement. Mais ils me troublent beaucoup moins que ceux que l'on raconte dans un certain monde sur la puissance magnétique d'un spirite quelconque.

La duchesse de Pomar qui rirait sans doute des miracles de saint Antoine fait raconter tous les mercredis dans ses magnifiques salons, aux applaudissements du Tout-Paris, les miracles de Mme Blavatski.

Mme Blavatski se dédoublait; Mme Blavatski, vieille et laide, rajeunissait et embellissait subitement.

Au risque de scandaliser les catholiques intransigeants, j'ai la spécialité de mécontenter tout le monde, mais je dois dire que les livres où je mécontente le plus de monde sont ceux qui ont le plus de lecteurs.

C'est une consolation ! Au risque donc de mécontenter les catholiques intransigeants je dirai que je crois très bien, que Mahomet, que Bouddha et même Mme Blavatski

12

aient manifesté d'une manière surnaturelle le fluide qui était en eux. Toute la question est de savoir si le fluide était bon ou s'il était mauvais. Un fluide qui ne sert qu'à aimanter les âmes névrosées qui se pressent dans les salons de la duchesse de Pomar est un fluide douteux. Qu'est-ce qu'il restera pour les siècles qui se succéderont des transformations vraies ou fausses de Mme Blavatski? Rien.

Mais suivez le fluide des saints, jamais il n'a été en communication plus directe avec l'humanité qu'après leur mort.

Il y a sept cents ans qu'Antoine de Padoue est mort, et son fluide merveilleux entre en communication directe, visible avec les membres souffrants de l'Église militante.

Les miracles de sa vie ont été merveilleusement écrits par d'autres. Les uns les ont acceptés comme des réalités, d'autres comme des légendes. Je n'en dirai rien mais je suis de ceux qui croient que s'il n'y a pas de fumée sans feu, il n'y a pas de légende sans réalité.

Antoine a fait des miracles quand il vivait, ce n'est pas étonnant, même pour la science, puisqu'il possédait son fluide magnétique. Mais Antoine fait des miracles sept cents ans après sa mort et voilà un miracle qui, pour moi, surpasse tous les autres. Je suis peut-être une âme naïve, certains diront peut-être que je suis une âme habile. Je récuse cette dernière épithète. Si j'avais été habile j'aurais chanté Antoine et François d'Assise sans me livrer à des critiques sur la sacerdocratie contemporaine, critiques qui forcent certain bon père que j'aime bien et qui m'aime bien à me tenir en dehors du couvent, comme ces bons chiens de garde qui n'ont qu'un tort, celui de trop aboyer.

Non je ne suis pas un chien muet : *Canes muti.* Je suis un chien aboyant ! Cela dérange ceux qui dorment et agace parfois ceux qui veillent. Je m'en moque.

Maintenant écoutez l'histoire du grand miracle d'Antoine de Padoue. Autrefois, il s'appliquait à combattre l'hérésie, aujourd'hui il n'y a plus de place pour l'hérésie. Il n'y a plus de place pour l'hérésie parce que la foi n'est pas assez vive.

Le Père Hyacinthe s'il avait vécu il y a deux siècles aurait pu entraîner les foules à sa suite. Aujourd'hui il n'est suivi que par sa femme et son fils. Et encore je n'en suis pas sûr.

S'il n'y a plus de place pour les hérésies religieuses, il y a place pour les hérésies politiques. Toute une école veut résoudre la question sociale (qui soit dit en passant ne peut pas être résolue dans ce monde), non seulement en dehors de l'Église mais contre l'Église.

Et le peuple suit ces faiseurs de phrases, ces fauteurs de trouble, ces lanceurs de bombe.

Antoine paraît. Quand un saint paraît, il vient d'abord tout petit. Depuis la crèche de Bethléem où naquit ignoré Celui qui remplit les siècles de son nom et de son histoire, toutes les grandes œuvres ont pris naissance sur la paille de l'oubli.

Jeanne d'Arc avant de sauver la France garde humblement ses brebis; l'œuvre de la propagation de la foi qui produit annuellement des millions est lancée par une pauvre

servante de Lyon, la renaissance du culte de
saint Antoine ou plutôt l'extension de ce
culte, germe dans l'esprit d'une humble
commerçante de Toulon. Voici comment
elle raconte à un capucin les débuts d'une
œuvre appelée à tuer le socialisme braillard de cette fin de siècle :

Mon révérend Père,

Vous désirez savoir comment la dévotion à saint
Antoine de Padoue a pris naissance dans notre
ville de Toulon. Elle s'est développée comme toutes
les œuvres du bon Dieu, sans bruit, sans fracas et
dans l'obscurité. Il y a environ quatre ans, je n'avais
aucune connaissance de la dévotion à saint Antoine
de Padoue, si ce n'est que j'avais entendu dire, vaguement, qu'il faisait, en le priant, retrouver les
objets perdus.

Un matin, je ne pus ouvrir mon magasin; la
serrure à secret se trouvait cassée. J'envoie un ouvrier serrurier, qui porte un grand paquet de clefs
et travaille environ pendant une heure; à bout de
patience, il me dit : « Je vais chercher les outils
nécessaires pour enfoncer la porte; il est impossible de l'ouvrir autrement. » Pendant son absence,
inspirée par le bon Dieu, je me dis : Si tu promèt-

tais un peu de pain à saint Antoine pour ses pauvres, peut-être le ferait-il ouvrir la porte sans la briser. Sur ce moment, l'ouvrier revient, amenant un compagnon. Je leur dis : « Messieurs, accordez-moi, je vous prie, une satisfaction; je viens de promettre du pain à saint Antoine de Padoue pour ses pauvres, veuillez, au lieu d'enfoncer ma porte, essayer encore une fois de l'ouvrir, peut-être ce Saint viendra-t-il à notre secours. » Ils acceptent, et voilà que la première clef qu'on introduit dans la serrure brisée ouvre sans la moindre résistance et semble être la clef même de la porte. Inutile de vous dépeindre la stupéfaction de tout ce monde; elle fut générale. A partir de ce jour, toutes mes pieuses amies prièrent avec moi le bon Saint, et la plus petite de nos peines fut communiquée à saint Antoine de Padoue, avec promesse de pain pour ses pauvres.

Nous sommes dans l'admiration des grâces qu'il nous obtient. Une de mes amies intimes, témoin de ces prodiges, lui fit promesse instantanément d'un kilo de pain, tous les jours de sa vie, s'il lui accordait pour un membre de sa famille, la disparition d'un défaut qui la faisait gémir depuis vingt-trois ans; la grâce fut bientôt accordée et ce défaut n'a plus reparu. En reconnaissance, elle acheta une petite statue de saint Antoine de Padoue dont elle me fit présent, et nous l'installâmes dans une toute petite pièce obscure, où il faut une grande lampe

pour y voir. C'est mon arrière-magasin. Eh bien!
le croiriez-vous, mon Révérend Père? Toute la
journée cette petite chambre obscure est remplie
de monde qui prie, et avec quelle ferveur extraordinaire! Non seulement tout le monde prie, mais
on dirait que chacun est payé pour faire connaître
et répandre cette dévotion.

C'est le soldat, l'officier, le commandant de marine qui, partant pour un long voyage, viennent
faire promesse à saint Antoine de cinq francs de
pain par mois, s'il ne leur arrive aucun mal pendant tout le voyage. C'est une mère qui demande
la guérison de son enfant, ou le succès d'un
examen; c'est une famille qui demande la conversion d'une âme chère qui va mourir, et ne veut pas
recevoir le prêtre; c'est une domestique sans place,
ou une ouvrière qui demande du travail; et toutes
ces demandes sont accompagnées d'une promesse
de pain si elles sont exaucées.

Ce qui surtout a donné le plus de développement
à cette chère dévotion, c'est un article ironique que
le journal impie de notre ville a inséré dans ses
colonnes; cet article était à mon adresse et me dé-
nonçait au public comme coupable d'entretenir la
superstition dans notre ville... Je me suis réjouie
en le lisant, et ce que j'avais prévu est arrivé; d'un
petit mal Dieu a tiré un grand bien. Il est si puissant et si bon! (1).

1. Lettre au R. P. Marie-Antoine, du 15 novembre 1892

Les *Annales franciscaines* ont publié, de la même Mlle Bouffier, cette autre touchante lettre qu'on va lire :

Saint Antoine de Padoue nous comble de plus en plus de ses faveurs. Il semble prendre plaisir à être invoqué dans notre modeste oratoire, où affluent les pèlerins. Permettez-moi, pour exciter encore parmi les tertiaires la dévotion à cet aimable Saint, de vous raconter quelques-unes des manifestations de sa puissance.

D'abord une conversation touchante. Un monsieur, presque aux portes du tombeau, refusait de se réconcilier avec Dieu. Sa fille, une âme d'élite, eut recours dans sa désolation à notre Bienheureux et lui promit, s'il convertissait son père, un pain de 20 francs pour nos orphelins. La nuit suivante, le moribond se lève en sursaut, et d'une voix effrayée crie à l'infirmier : « Est-il là ? Est-il là ? » Le veilleur, comme inspiré d'en haut, lui répond : « Le prêtre? Oui, monsieur, il est là. » Il était minuit. On court chercher un prêtre, et le moribond se confesse avec de grands sentiments de repentir. Une heure après, il expirait !

Vers le même temps, il y a environ trois mois, j'étais mandée près d'une dame âgée, très souf-

(*Les grandes gloires de saint Antoine de Padoue,* par le R. P. Marie-Antoine, p. 39).

frante. « Mademoiselle, me dit-elle d'une voix émue qui laissait deviner quelque faveur surnaturelle, depuis deux ans j'adressais de ferventes prières au grand saint Antoine de Padoue, pour le supplier de me tirer de l'état de misère où je vivais, percluse de rhumatismes, ne pouvant rester seule et n'ayant pas assez de ressources pour payer une servante. Je n'ai qu'une bien maigre rente viagère, et de plus une obligation à lots. Chaque jour, je conjurais le Saint de faire sortir mon obligation, et lui promettais en action de grâces 500 francs pour ses pauvres. Il a exaucé, non selon mes désirs, mais bien au delà. Je viens d'hériter de 45.000 francs, aubaine tout à fait imprévue. Et voilà pourquoi je vous ai fait venir. » Pendant qu'elle me parlait, il y avait des larmes dans ses yeux. Son cœur débordait de reconnaissance ; sa main a été généreuse. Nos orphelins se sont réjouis.

Ces jours derniers, on verse 36 francs pour obtenir qu'une maison à sept étages soit occupée : et à l'instant les demandeurs se présentent, et les étages se louent.

Un autre propriétaire possédait, aux environs de Toulon, un domaine, estimé 35.000 francs, qu'il désirait vendre. Il multipliait les frais et les démarches, nul acquéreur ne se présentait. On lui parle de mon petit oratoire. Il y vient, s'agenouille aux pieds de saint Antoine, promet 50 francs de pain. Trois jours après, la propriété était vendue, dans des conditions aussi avantageuses qu'inattendues.

Autre prodige. Vers la fin de la saison balnéaire, une dame de mes amies, très habile nageuse, se lance au large et perd un anneau d'or garni de brillants. Immense est sa désolation, lorsqu'elle constate son malheur. Les baigneurs, toujours nombreux sur notre magnifique plage, mis au courant de l'accident, se lancent aussitôt à la recherche du précieux bijou. Ils plongent les uns après les autres au fond de la Méditerranée, mais toujours sans succès. La dame, rentrée chez elle, réfléchit, se souvient de la puissance de saint Antoine et lui fait une promesse de pain. Le lendemain, de grand matin, elle retourne sur la grève, accompagnée d'un jeune homme qui, dès le premier plongeon, découvre et rapporte la bague tant désirée. Comme la dame est très connue dans la ville, l'événement y a produit une grande impression.

Saint Antoine bénit ceux qui tiennent leurs promesses ; mais, laissez-moi vous dire qu'il punit, quelquefois très rigoureusement, ceux qui négligent de les accomplir. En voici un exemple. Une dame de Toulon avait promis 100 kilos de pain pour obtenir une grâce spéciale en faveur d'une personne tendrement aimée. La grâce est accordée, et l'on accourt nous l'apprendre avec de grandes démonstrations de joie. Mais la dette de la reconnaissance n'est pas acquittée. Deux mois se passent. Nous craignions un châtiment. Tout à coup, on vient nous annoncer que la personne tendrement aimée est morte presque subitement.

Un livre tout entier ne suffirait pas à contenir les faits miraculeux qui se produisent ici chaque jour, grâce à l'intervention de notre saint thaumaturge. Arrêtons-nous. — Mais les aumônes ? — Vous avez raison. J'ajouterai un mot sur le chiffre des aumônes ; il a ici son éloquence. En 1892, le chiffre des aumônes a été de 5.743 francs : ce qui nous a permis de donner à nos vieillards et à nos orphelins 13.788 kilos de beau pain blanc ; car le pain ainsi procuré par le ciel et qui doit réjouir nos pauvres, peut-il être autre que du pain blanc ? L'année 1893 semble vouloir être encore plus féconde en ressources comme en prodiges. Rien que dans le mois de janvier, le chiffre des aumônes a atteint 1.072 francs, et nous avons donné dans le même mois 2.680 kilos de beau pain blanc.

Ce qui fait ma joie dans cette œuvre, c'est le cachet d'humilité qui couvre les offrandes et embaume la correspondance. Les billets de banque du riche sont mêlés au billon du pauvre et de l'ouvrier car les donateurs cachent soigneusement leur nom, connu de Dieu seul.

Ce qui fait la force de notre œuvre, c'est la prière, ardente et spontanée. Trois fois par jour, nos mille vieillards et orphelins élèvent les bras en croix, remercient avec effusion le grand Saint qui veille sur eux, et le supplient de leur procurer encore du beau pain blanc.

L'heureuse servante des pauvres,

LOUISE BOUFFIER (1).

A partir de ce jour Antoine est devenu le père des pauvres. A Paris son culte est ignoré. Qui va l'apporter à la capitale?

La famille franciscaine est une famille très divisée comme toutes les familles.

Il y a les capucins, les franciscains, les récollets, etc., etc.

En France les récollets ne faisaient pas beaucoup de bruit. Ils étaient un peu comme ces membres des familles nombreuses, qui n'ayant pas su réussir, sont un peu oubliés. On les invite aux enterrements et parfois aux mariages, mais au banquet on les met au bout de la table.

Les récollets ont été mis au bout de la table du banquet franciscain, et ils y occupaient une très petite place. Et les voici

1. Lettre du 25 février 1893.

maintenant à la place d'honneur ! Que s'est-il donc passé ? Saint Antoine voulant établir son culte à Paris (les saints sont plus modernes qu'on ne le croit, ils savent que Paris est le centre non seulement de la France, mais du monde civilisé), Saint Antoine voulant donc par Paris rayonner dans le monde choisit deux récollets pour faire des merveilles.

Il n'y a eu besoin que d'un moine pour prêcher les croisades. Il n'y a eu besoin que d'un moine pour établir la réforme protestante. Dans notre siècle d'apathie il a fallu deux récollets pour réveiller la torpeur fin de siècle du Paris catholique.

L'un est très mielleux ; mais peut-on reprocher à une ruche laborieuse de renfermer du miel ? Il se nomme le Père Léonard, de je ne sais plus quelle ville, car les fils de saint François sont tous nobles. Ils ajoutent à leur nom de religion celui de la ville qui les vit naître.

Le second ouvrier du culte de saint Antoine est le Père Édouard, un orateur merveilleux qui n'a d'égal à son talent que son grand cœur. Ce moine enthousiaste a plus fait pour le bien depuis quatre ans que tous les moines réunis.

Quant aux autres récollets ce sont hélas des incapables qui vivent et croissent à l'ombre bienfaisante du P. Léonard et du P. Édouard, comme ces plantes qui ont besoin d'un peu d'ombre pour prouver qu'elles existent.

Nos deux récollets avec un esprit en apparence opposé se sont unis et se sont rencontrés pour accomplir une œuvre en réalité identique. Avec un sourire très angélique qui ressemble à un sourire de mère, le P. Léonard a appelé à lui les miséreux de la capitale ; tandis que le P. Édouard les retenait avec les accents convaincus de sa mâle éloquence.

Ce fut d'abord dans une masure en planches de la rue de Puteaux, une rue mal famée des Batignolles, que les deux récollets construisirent un oratoire à saint Antoine de Padoue. Les filles de trottoir qui s'engouffraient dans les hôtels borgnes de cette misérable rue virent d'abord avec stupeur des

moines pieds nus, sortir de la maison d'en
face. Puis une farceuse de sacristie vint sur-
prendre un jour la bonne foi naïve de ces
deux moines qui ne soupçonnent pas le mal,
n'ayant jamais fait que du bien. Elle leur
raconte qu'elle est riche; les deux pauvres
acceptent ses dires. Elle leur raconte qu'elle
veut consacrer sa fortune à la construction
d'une chapelle digne de saint Antoine; les
deux hommes de foi ajoutent foi en sa
parole. On démolit la masure en planches.
On achète sans les payer des terrains avoi-
sinants. On apporte des briques et des pierres. On élève le couvent. On place la chapelle
dans ce qui sera le réfectoire des moines.
Puis une gracieuse église éleva dans cette
rue de vices les formes virginales de sa gracieuse architecture.

Quand les constructions sont à moitié
faites, on demande à la farceuse de tenir ses
promesses; mais la dame a levé le pied en se
servant du nom des Pères de la rue de
Puteaux pour faire de nombreuses dupes
dans son quartier.

L'œuvre est vouée à la mort. Non, le bon

saint Antoine est là ! « Il fait des miracles
pour les étrangers, me disait avec foi dans
un moment très critique un Père récollet, ce
serait trop fort qu'il n'en fît pas pour ses
enfants. »

Il en fit, et il en fit de renversants ou plutôt d'édifiants, puisque la chapelle et le couvent sont construits grâce à lui.

Les Pères ont dû payer des échéances de
80.000 francs sans avoir le premier sou.

Des commerçants ordinaires se seraient
jetés dans la Seine, eux sont tombés à
genoux et ont tendu les bras vers leur bon
saint. Un ami qui a passé dans la vie publique avec la réputation d'un honnête homme,
m'a raconté ce fait inouï.

Confident du P. Léonard, il s'est trouvé
au couvent le jour d'une échéance de
cent mille francs. Pas un centime dans la
caisse du couvent et pas un liard d'espérance humaine.

Le P. Léonard n'était pas inquiet ! Il avait
raison, saint Antoine était là !

Pendant que M. X. causait, le frère
portier annonce qu'une dame demande à

parler au Père gardien. Le P. Léonard se dérange, et voici très simplement ce que lui dit la dame : « Mon Père, je dois beaucoup à saint Antoine et je sais que vous devez beaucoup pour saint Antoine. J'ai des goûts très modestes, je suis âgée, je n'ai pas d'héritier, voici cent mille francs ; vous me ferez une modeste rente jusqu'à la fin de mes jours. »

C'est ainsi qu'a été construite la chapelle des Récollets. Comme à Notre-Dame des Victoires, le Paris qui souffre vient implorer le saint qui console. Parmi les clients d'Antoine de Padoue il y a des mères qui viennent demander la santé d'un enfant malade, des commerçants qui veulent éviter la faillite.

Il y a des gens qui ont la foi, d'autres qui attendent le miracle pour l'avoir. Sceptiques qui lisez ce livre, si vous êtes heureux, vous ne le serez peut-être pas toujours ! Quand l'avenir sera sombre, n'oubliez pas le sanctuaire de Saint-Antoine de Padoue! Vous y trouverez peut-être l'aube d'un jour plus radieux.

Donc les capucins dans les campagnes,

les franciscains en Terre Sainte, les récollets à Paris se remuent pour le bien. Voyons
si l'ami de saint François d'Assise, saint Dominique peut sourire du haut du ciel à ses
enfants, comme le séraphique père des frères
mineurs.

Lacordaire, l'immortel génie de la chaire
chrétienne, a tout fait pour l'ordre des Dominicains. Il lui a même fait du mal sans le
vouloir. Des clercs, d'un talent oratoire très
médiocre, ont cru qu'il suffisait de revêtir la
robe blanche des frères prêcheurs pour
devenir les Lacordaire de l'avenir.

Saint Augustin dit quelque part, que les
prêtres peuvent aspirer très légitimement à
devenir des évêques. Mais ce grand homme
s'empresse d'énumérer la longue liste des
héroïques vertus que doit posséder le
prêtre qui aspire à l'épiscopat. Les moines
qui ont voulu devenir des Lacordaire auraient dû suivre le conseil de saint Augustin et revoir comme dans un beau rêve
les qualités naturelles et surnaturelles de
l'immortel conférencier de Notre-Dame.

Je vais paraître bien mystique en disant

que pour être un véritable orateur chrétien
il faut être un saint. Lacordaire avait une
humilité parfaite. Quand l'orgueil se présentait à la porte de son âme il le chassait à coups
de discipline. Même au point de vue humain,
l'humilité rehausse un orateur chrétien, car
elle le préserve de ces ridicules et agaçantes
manières qui les font ressembler à des
avocats de province après un succès de cour
d'assises. Lacordaire était un vrai moine,
c'est-à-dire un homme qui se sent à l'étroit
quand il sort de son étroite cellule. Il aimait
la solitude qui élève l'âme, embellit l'imagination, agrandit le cœur. Aujourd'hui les
dominicains — la plupart n'étant entrés dans
l'ordre que pour avoir une belle soutane
blanche — ont la sainteté légale, c'est-à-dire
la sainteté nécessaire pour avoir une toute
petite place au paradis. La solitude ils ne la
connaissent plus. Il n'y a pas sous le ciel
monastique un ordre plus mondain. Chaque
famille bien cotée dans le Tout-Paris a un
dominicain comme ami intime.

Le Père promène sa soutane blanche aux
réceptions de Madame, et a sa boîte de cigares
dans le fumoir de Monsieur.

L'été il est l'ornement des villas du bord de la mer ou des châteaux enfouis dans la verdure. Il prépare ses carêmes en se baignant, ou en dînant sur l'herbe avec la famille de prédilection. C'est un fait indiscutable, l'ordre des Dominicains est l'ordre monastique qui a le plus besoin de réformes. Causez dix minutes avec un dominicain intelligent et impartial, il reconnaîtra que si les réformes ne se font pas à bref délai, les frères prêcheurs disparaîtront peu à peu de France.

Et quelles sont les réformes qui s'imposent ? Laissons la parole à un illustre dominicain, qui nous disait avec franchise les amertumes de son âme.

« Dans le monde on croit que nos novices reçoivent une éducation de frères prêcheurs. Détrompez-vous, la prédication tient aussi peu de place dans nos noviciats que dans le dernier des séminaires de province.

« C'est au réfectoire au milieu du bruit des fourchettes que nous sommes appelés à prêcher une ou deux fois pendant tout le temps de notre préparation apostolique. Les capucins sont ce que notre père Lacordaire appelait les Démosthènes du peuple, nous, nous sommes les Coquelins du monde. Jésus-Christ est venu pour sauver tous les hommes, aussi la mission des capucins pour être plus humble n'est pas plus grande que la nôtre. J'ajouterai qu'elle est plus aisée, car il est plus facile de toucher le cœur d'un pauvre que celui d'un riche, pour une bonne raison : c'est que le premier a toujours du cœur et que le second en a très rarement. Il faut donc une longue et délicate préparation pour parler avec tact à ce monde que Jésus-Christ maudissait : *Væ mundi*. Il semble tout d'abord qu'un dominicain devrait savoir ce que c'est que le monde, non pas quand il est dominicain mais avant de l'être. Qui apprendra au jeune novice ce que c'est que le monde ? Le maître des novices, me répondra-t on. C'est ausssi mon avis. Mais il n'en est pas ainsi. Nos maîtres de novices sont habituellement des moines austères qui n'ayant pas réussi dans la prédication, précisément parce qu'ils ne connaissaient pas le monde, sont chargés de diriger nos

13.

novices dans une voie qu'ils n'ont pas pu suivre. Et comme il faut connaître le monde, nos Pères vont dans le monde avec le désir très légitime de faire des études psychologiques. Je me suis toujours méfié des gens qui se livrent à la psychologie expérimentale. Ils finissent par devenir eux-mêmes des sujets d'expérience. Nos Pères vont donc dans le monde où ils sont adulés, fêtés, disons le mot gâtés ; et, quand ils rentrent au couvent, ils sentent le joug de la règle. Ne cherchez pas ailleurs le secret de toutes ces défections, qui font de nos couvents le pied-à-terre de toutes les ambitions ecclésiastiques. On entre chez nous c'est vrai, mais il n'y a pas d'ordre d'où l'on sorte plus souvent. Notre ordre n'est pas un ordre, c'est un désordre.

« Enfin pour être l'apôtre du monde non seulement il faut le connaître mais il faut savoir lui parler. Il est évident que le langage qu'un capucin tiendra à un paysan de Bretagne, n'est pas celui qu'un dominicain doit tenir à une douairière de Sainte-Clotilde. Nos Pères le comprennent, mais ils le comprennent sans mesure. Ils deviennent pour les grands ce que les fous étaient pour les rois : ils les amusent en les flattant. Il faut donc savoir parler au monde. Qui l'apprendra à nos novices?

« Des gens du monde, des orateurs du monde, des artistes du monde, des écrivains du monde, des penseurs du monde. Je voudrais donc que dans nos noviciats une grande place soit donnée à la formation oratoire. Et pourquoi donc nos jeunes novices qui seront des frères prêcheurs, c'est-à-dire les avocats des chaires aristocratiques, n'auraient-ils pas un cours de diction, un cours de geste, un cours d'éloquence? Pourquoi les sermons de nos novices ne seraient-ils pas entourés d'une certaine solennité? Au premier rang, les vétérans de la chaire chrétienne seraient là pour être les juges et surtout les censeurs de cette joute oratoire. Et puis avec beaucoup de charité on ferait une sélection. Tel Père, qui est entré chez les dominicains pour être un Lacordaire et qui parle comme le dernier des curés de campagne, recevrait le conseil de ne pas rester dans l'ordre. Tel autre, qui avec un peu d'efforts, un peu d'étude deviendrait un grand orateur, recevait à partir de ce jour une préparation exclusivement oratoire. On lui mettrait dans la bouche les cailloux de Démosthène pour faire disparaître ses défauts et développer ses qualités. Enfin pour éviter les nombreux abus qui attristent notre vie religieuse, pour éviter de voir nos meilleurs orateurs comme le Père D..... et tant d'autres, se laisser séduire par la fille d'un général, il faudrait non pas réformer les règles mais tout simplement les appliquer. Il n'y a pas un couvent de dominicains où l'on suivre la règle de saint Dominique !! »

On le voit, les dominicains sont des moines fin de siècle très prisés dans les salons fin de siècle. Je me souviens d'avoir passé une soirée charmante dans un salon select. C'était pendant le carême, et, à la même place, où il y avait un mois on parlait d'Yvette Guilbert et de Coquelin, on en vint à juger les prédicateurs. J'aurais voulu sténographier cette conversation charmante. Je vais la reproduire aussi fidèlement que possible.

La Baronne de X, *maîtresse de maison.*

Vous allez au sermon, comtesse ?

La Comtesse de Z.

Oui, baronne.

La Baronne.

Quel est votre orateur préféré ?

La Comtesse.

Vous me le demandez ?

La Baronne.

Mais oui.

La Comtesse.

Mais l'orateur à la mode...

Toutes.

C'est le Père Feuillette.

La Comtesse.

Vous l'avez dit. En voilà un qui ne perd pas le fil de ses discours.

La Douairière, *lèvres en forme d'entonnoir.*

On prétend même qu'il n'a pas perdu le fil de sa langue.

La Baronne.

Oh ! méchante. Vous voulez insinuer que le

Père Feuillette zézaie un peu. Mais c'est charmant.
Il *zézaie* comme personne.

La Comtesse.

Et ce nom est-il doux à prononcer ? Feuillette !
C'est tout un poème.

La Douairière.

Je n'aime pas les disproportions, ma chère.

La Comtesse.

Que voulez-vous dire ?

La Douairière.

Je trouve que feuillette est bien petit pour un
arbre qui grossit chaque jour.

La Baronne.

C'est vrai, le Père a un peu épaissi. Il lui manque
de l'exercice. Je l'ai dit à son supérieur pas plus
tard qu'hier. Le Père Feuillette devrait faire de la
bicyclette. (*Toutes rient*). Pourquoi rire ? Le curé
de mon château en fait bien, et c'est un saint
homme.

La Comtesse.

Et que vous a répondu le Père supérieur ?

La Baronne.

Il a fait comme vous, il a souri. Mais il m'a
promis que le Père Feuillette ferait de l'exercice.

LA COMTESSE.

Lequel ?.

LA BARONNE.

Il quêtera aux offices de la chapelle du faubourg Saint-Honoré.

LA COMTESSE.

Je crois bien. Quand le Père Feuillette quête, on fait des recettes superbes. Ainsi moi quand c'est le Père Feuillette je donne toujours un franc. Quand c'est un autre Père, je donne une pièce italienne.

LA PRINCESSE DE V... *se lève et fait circuler un papier parfumé.*

Puisque vous êtes des admiratrices du Père Feuillette, signez cette pétition pour le faire revenir à Paris.

TOUTES.

Comment, il est parti !

LA PRINCESSE.

Oui, il est prieur à Lille.

(Deux dames se trouvent mal. On les emporte dans un petit salon, pendant ce temps les autres signent la pétition en buvant à petites gorgées dans des verres de Bohême.)

SECONDE FOURNÉE DE VISITEUSES.

LA VICOMTESSE.

Excusez-moi, j'arrive en retard, je sors du sermon du P. Ollivier.

LA BARONNE.

Oh! ne me parlez pas du P. Ollivier.

LA VICOMTESSE.

Pourquoi donc?

LA BARONNE.

Vous ne savez donc pas ce qu'il m'a fait à la retraite de Saint-Honoré d'Eylau.

TOUTES.

Racontez, racontez.

LA BARONNE.

Un matin j'arrive pendant que le Père était en chaire. Je traverse discrètement l'église. « Madame est en retard, me dit le P. Ollivier, avec son sourire faubourien... »

LA VICOMTESSE, scandalisée.

Oh !

LA BARONNE.

Plébéien si vous préférez. « Madame est en retard elle vient sans doute de prendre son petit chocolat. »

TOUTES.

Pas possible (1) !

LA BARONNE.

Très possible. Le rouge me monte à la figure et je réponds « Oui, mon Père, avec un petit croissant de deux sous. »

LA COMTESSE.

Ah ! il est insupportable ce bon Père.

MADAME DE T.

A qui le dites-vous !

LA BARONNE.

Vous aussi, vous avez à vous en plaindre.

MADAME DE T.

Je crois bien. Vous souvenez-vous de ses discours sur le mariage à la Trinité ?

LA COMTESSE.

Oui, il y en avait de raides. Je n'en manquais pas un seul.

1. L'histoire est absolument authentique. Nous connaissons la dame à qui elle est arrivée.

LA BARONNE.

Je me souviens d'un, dans lequel il affirmait que bien des maris devaient avoir de la peine à passer sous la porte Saint-Denis.

TOUTES.

C'est inconvenant.

MADAME DE T.

Pour en revenir à mon histoire (1), le P. Ollivier ayant parlé des femmes qui racolaient dans la rue, ma fille Marguerite qui était innocente comme un ange du bon Dieu...

LA DOUAIRIÈRE, *bas à sa voisine.*

Ce n'est pas ce que dit mon neveu.

MADAME DE T.

... me dit en sortant : « Mère, qu'est-ce que c'est que racoler ! » Je tousse, j'éternue, je me mouche et, comme elle insistait, je finis par lui dire : « nous consulterons le dictionnaire en rentrant. » Je croyais que Marguerite aurait oublié...

LA DOUAIRIÈRE, *à part.*

Mon neveu n'avait pas tort. Elle est très curieuse.

____

1. L'auteur assistait à l'incident fidèlement rapporté.

MADAME DE T.

Il n'en fut rien. Elle bondit dans le cabinet de travail de mon mari. « — Ton dictionnaire, papa, ton dictionnaire? » — « Pourquoi, ma fille ? » — « Je veux savoir ce que c'est que racoler. »

Mon mari bondit. Je prends le dictionnaire, je l'ouvre au mot racoler. J'étais sauvée ! « Racoler, v.a. Engager soit de gré, soit par astuce dans le service militaire. »

Mon mari veut savoir ce que signifie la demande de Marguerite. Je le lui explique. Séance tenante, il écrit au supérieur des dominicains. « Mon Révérend Père, si j'étais supérieur du P. Ollivier je le forcerais à mettre sur la porte des églises où il prêche, la pancarte que les forains scrupuleux placent sur des musées inconvenants. *Les hommes seuls entrent ici.* Si cette précaution avait été prise aujourd'hui, des jeunes filles pures...

LA DOUAIRIÈRE, *à part*.

C'est mon neveu qui va rire.

MADAME DE T.

... comme ma fille Marguerite n'auraient pas entendu un discours sur le racolage public. Daignez recevoir, etc... »

LA BARONNE.

Bien tapé.

MADAME DE T.

Le Révérend Père Prieur répond à mon mari que l'incident ne se reproduira plus, et comme Marguerite me demandait à aller encore au sermon du P. Ollivier je ne crus pas devoir m'y opposer.

LA DOUAIRIÈRE, *à part*.

Elle y prenait goût.

MADAME DE T.

Nous étions sous la chaire. Je n'exagère pas en vous disant que j'aurais préféré être sous terre. Avant le signe de la croix, le P. Ollivier nous fixe et s'adressant à moi, il dit : « Faites sortir Marguerite. » Je ne bouge pas. Tout le monde se regarde. Le P. Ollivier prend alors son sourire...

LA BARONNE.

Faubourien.

MADAME DE T.

Oui, et continue : « Je vais vous dire ce que c'est que Marguerite. Marguerite est la jeune fille pudique qui se scandalise des paroles que je prononce ici. J'avertis charitablement Marguerite que je serai encore plus risqué que dimanche dernier, j'engage donc Marguerite à sortir. »

LA COMTESSE.

Et qu'avez-vous fait ?

MADAME DE T.

Nous avons baissé la tête. En rentrant chez moi, j'ai eu une syncope.

LA BARONNE.

Et Marguerite ?

MADAME DE T.

Marguerite est allée au bal chez la marquise de Bougo.

LA DOUAIRIÈRE, *à sa voisine.*

Où mon neveu lui en a raconté de plus raides que le P. Ollivier.

MADAME DE T.

Depuis nous allons à Notre-Dame entendre Mgr d'Hulst.

TOUTES.

Oh ! là, là !

LA BARONNE.

Il faut avoir du temps à perdre.

MADAME DE N.

Que lui reprochez-vous donc à Mgr d'Hulst ?

TOUTES.

Son costume.

LA BARONNE.

Sa voix.

LA COMTESSE:

Son geste.

LA DOUAIRIÈRE.

Il n'en a pas.

LA COMTESSE.

Précisément.

LA VICOMTESSE.

Il faut, dans la chaire de Notre-Dame, le costume
d'un dominicain.

LA BARONNE.

De grandes manches.

LA COMTESSE.

Recouvrant une petite main.

LA DOUAIRIÈRE.

Vous parodiez le texte évangélique.

LA BARONNE.

Lequel?

LA DOUAIRIÈRE.

Dans l'Evangile il est dit : « Qu'ils sont beaux
les pieds de ceux qui vont évangéliser les nations. »

et vous, vous dites : « Qu'elles sont belles les mains de ceux qui nous évangélisent. »

TOUTES.

Oh ! duchesse !

LA BARONNE.

Vous avez raison. De nos jours on demande à un orateur de grandes manches blanches et de petites mains roses. Si l'habit ne fait pas le moine, l'habit du moine fait le prédicateur. »

LA VICOMTESSE.

Que voulez-vous, le costume de Mgr d'Hulst est grotesque. Voilà un homme qui passe pour avoir la manche large, et il n'a même pas de manches à son mantelet de prélat romain.

LA DOUAIRIÈRE.

Dame, savez-vous pourquoi un prélat romain ne porte pas de manche ?

TOUTES.

Non.

LA DOUAIRIÈRE.

Mais tout simplement pour montrer qu'il n'en a pas besoin, puisqu'il est dans celle du Pape.

(*Gazouillements de rires.*)

LA BARONNE.

Et vous, qui suivez-vous, duchesse ?

LA DOUAIRIÈRE.

Qui je suis ? Mais je ne suis personne. J'ai été suivie quand j'étais jeune.

LA COMTESSE.

Très joli, nous parlions des prédicateurs à la mode.

LA DOUAIRIÈRE.

Ah ! quel est le prédicateur que je suis ? Aucun.

TOUTES.

Pas possible.

LA DOUAIRIÈRE

Très possible. Je boude.

LA BARONNE.

Vous boudez qui ?

LA DOUAIRIÈRE.

L'archevêque de Paris.

TOUTES.

Pourquoi donc ?

LA DOUAIRIÈRE.

Mais pour nous avoir enlevé notre abbé Frémont. En voilà un qui avait du talent !

La Comtesse.

Ne m'en parlez pas. Il est républicain.

La Douairière.

Mais le pape aussi est républicain.

La Comtesse.

Ce n'est pas ce qu'il fait de mieux. Aussi nous ne donnons plus au denier de Saint-Pierre.

La Douairière

C'était donc pour le pape que vous donniez et non pour la papauté ?

La Comtesse.

Vous êtes ralliée, vous aussi ?

La Douairière.

Moi je suis de mon temps, c'est le moyen d'être toujours jeune.

La Comtesse, *à la baronne.*

Si seulement ça pouvait faire disparaître ses rides.

La Douairière.

J'en suis revenue de vos dominicains.

Toutes, *avec indignation.*

Est-ce possible ?

14

LA DOUAIRIÈRE.

J'ai failli être écrasée à Bordeaux pour entendre le fameux discours du P. Didon.

LA BARONNE.

Eh bien ?

LA DOUAIRIÈRE.

Un fiasco.

LA COMTESSE.

Oui, je le sais. C'était la faute du cardinal Lécot.

LA DOUAIRIÈRE.

Comment ça ?

LA COMTESSE.

Mais il lui avait donné trop de vin de Bordeaux, et le Père qui n'avait pas l'habitude...

LA DOUAIRIÈRE.

Alors il était....?

LA COMTESSE.

Oui.

LA DOUAIRIÈRE.

Ça ne m'étonne plus.

LA BARONNE.

Avez-vous entendu le P. Monsabré?

LA DOUAIRIÈRE.

Oui.

LA BARONNE.

Combien de fois ?

LA DOUAIRIÈRE.

Neuf fois.

LA COMTESSE.

Ce n'est pas assez. Il faut entendre dix sermons de lui pour tomber sur un discours génial.

LA DOUAIRIÈRE.

Je n'ai pas eu de chance. Les neuf sermons que j'ai entendus étaient ceux d'un curé doyen qui connaît saint Thomas et qui parle assez bien pour le commenter convenablement. Je le préfère cependant à Mgr d'Hulst.

LA COMTESSE.

Il n'y a pas de comparaison.

LA DOUAIRIÈRE.

Lacordaire était l'aigle de la chaire de Notre-Dame, Monsabré en a été l'aiglon, Mgr d'Hulst n'en est que le moineau. (*Toutes rient.*)

Vous seriez bien en peine de me nommer d'autres dominicains ayant du talent.

La Comtesse.

Et le P. Etourneau ?

La Vicomtesse.

Et le P. Janvier ?

La Baronne.

Et le P. Boulanger, le P. Hébert, le P. Vasselin ?

La Princesse.

Le P. Chocarne, le P. Mauhus, le P. Vigoureux, et tant d'autres que j'oublie.

La Douairière.

Je vous l'accorde, les Dominicains ont encore des orateurs, mais quand on les compare à Lacordaire, qu'ils veulent imiter, ils sont comme des dunes de sable qui voudraient égaler le Mont-Blanc.

La Vicomtesse.

Vous êtes bien bonne de discuter avec la duchesse. Elle n'aime que les Jésuites.

La Douairière.

Comme éducateurs, oui. Comme prédicateurs, non. Quand on lance un Jésuite dans la prédication, il est usé par le professorat.

La Princesse.

Comme éducateurs, parlons-en. Ils sont jolis leurs élèves !

LA DOUAIRIÈRE, *riant.*

Et mon fils?

LA COMTESSE.

Mais c'est un mauvais sujet, votre fils.

LA DOUAIRIÈRE.

Quel cœur !

LA PRINCESSE.

Il en a même trop.

LA DOUAIRIÈRE.

Parce qu'il a plusieurs maîtresses ?

LA BARONNE.

Dame !

LA DOUAIRIÈRE.

C'est moi qui le pousse à avoir plusieurs maî-tresses.

TOUTES.

Oh ! oh !

LA DOUAIRIÈRE.

C'est le moyen d'éviter le collage.

(A ce moment, les messieurs qui fumaient dans un salon voisin, viennent rejoindre ces dames.)

LE COMTE DE X.

Vous disiez du mal de nous.

14.

LA BARONNE.

Comme les hommes sont fats, ils croient toujours
que l'on s'occupe d'eux !

LE VICOMTE DE Z.

Alors si vous ne disiez pas du bien des hommes,
vous disiez du mal des femmes ?

LA DOUAIRIÈRE.

Non, monsieur, nous parlons de vos éducateurs,
les Révérends Pères Jésuites.

LE DÉPUTÉ DE R.

Votre jugement ?

LA DOUAIRIÈRE.

Nous pensions que ce n'est pas la peine de se
faire Jésuite pour élever d'aussi mauvais sujets
que vous. (*Tous protestent*). Vous n'avez pas besoin
de protester, vous êtes les premiers à reconnaître
que vous avez été mal élevés. Voyons, mon cher
député, [vous qui êtes] un orateur, venez vous
appuyer à la cheminée et dites-nous très franchement ce que vous pensez de l'éducation des
Jésuites.

(*Toutes applaudissent.*)

LE DÉPUTÉ.

Vous le voulez ?

TOUTES.

Oui, oui.

LE DÉPUTÉ.

Il n'y a pas de journalistes ?

TOUTES.

Non.

LE DÉPUTÉ.

Alors, je commence.

Mesdames,

Saint Ignace, l'illustre fondateur des Jésuites était boiteux, ce qui fait que ses enfants ne marchent pas toujours très droit. (*Délicieux, charmant !*)

Le jésuitisme est un état d'âme difficile à décrire. Saint Ignace était soldat, et comme soldat, il ne connaissait que la consigne. La consigne est de ronfler, est-il dit dans un vaudeville célèbre. Chez les Jésuites la consigne est de veiller ; et nous devons dire que les enfants de saint Ignace se sont admirablement acquittés de cette mission. (*Applaudissements.*)

Quand les ennemis de l'Eglise profitant du sommeil des catholiques ont multiplié leurs coups, ils se sont vite aperçus que les Jésuites veillaient ; et la libre pensée, depuis des siècles, est devancée par ce Juif Errant qui marche toujours. (*Coups d'éventails prolongés.*)

Dans la guerre on se sert de toutes les armes qui vous tombent sous la main. En 1870, nous avons dévalisé des champs de pommes de terre pour nourrir nos hommes. Vous savez cependant que dans la vie ordinaire nous sommes incapables, non pas de tirer, mais de prendre une carotte. (*Rires et applaudissements.*)

Les Jésuites, je vous le répète, sont des fils de soldats, soldats eux-mêmes, et toujours en guerre contre les ennemis de l'Eglise. (*Très bien !*)

Ne vous étonnez donc pas s'ils se servent des armes et des moyens usités en temps de guerre. Il faut se cacher dans l'ombre, savoir ramper, connaître l'art de dissimuler les moyens d'attaque et de défense. Sur le champ des batailles sanglantes, cette tactique a un nom : c'est l'art militaire. Sur le champ de bataille des principes et des idées, la tactique change de nom et se nomme : l'art jésuitique. (*Très bien !*)

Encore une fois il ne faut pas s'étonner si les jésuites, quand ils deviennent éducateurs, font des jésuites. Avant de voir s'ils nous apprennent à vivre, nous devons constater qu'ils nous apprennent à mourir. En 1870 leurs élèves sont morts comme des héros. (*Triple salve d'applaudissements.*)

La mort est le but de leurs efforts. Ils ne croient pas avoir perdu leur temps, si leurs élèves, après avoir mal vécu, meurent bien. Ne cherchez pas ailleurs la raison de ces exercices religieux trop multipliés. Messes tous les matins, communions hebdomadaires, congrégations de la sainte Vierge et des saints Anges sont autant de provisions spirituelles qui dormiront oubliées pendant notre vie, mais dont nous nous souviendrons à l'heure du grand voyage du temps à l'éternité. (*Applaudissements.*)

Pour tout dire, en un mot, les Jésuites ne font pas des hommes, mais ils font des âmes. (*Applaudissements.*)

Cette éducation est-elle bonne au point de vue humain ?

Je n'oserai pas répondre affirmativement. Il est bien certain que les Jésuites ne nous ont pas armés pour les combats de la vie. La vie telle qu'elle est, ils ne la connaissent pas ou plutôt ils veulent l'ignorer. Leur éducation est bonne pour l'enfant qui, ayant de la fortune, n'aura qu'à se laisser vivre. Elle est détestable pour celui qui doit faire sa place au soleil. On nous a élevés comme des Carmélites et non comme des hommes.

On l'a dit bien souvent : il ne faut pas abuser des bonnes choses. Or la religion est une bonne chose ; mais il est évident que les Pères Jésuites en abusent. Leurs élèves ne seront pas pour la plupart des moines. Ce seront des financiers, des législateurs, des militaires, des artistes, voire même des députés. (*On rit.*)

Toutes ces carrières ne permettent pas d'assister

à la messe tous les matins, de communier chaque semaine. A cela les bons Pères répondent : nous vous donnons beaucoup de religion au collège pour qu'il vous en reste un peu dans la vie.

Mes Révérends Pères, vous vous trompez. Vous nous avez habitués à prendre une messe tous les matins comme on prend une tasse de café. Nous sommes entrés à la chapelle comme on entre au réfectoire. Vous avez ouvert vos congrégations de la Sainte Vierge et des Saints Anges à ceux qui baissaient le plus timidement la tête ; et vous en avez exclu ceux qui regardaient en face.

Vous avez oublié que ces enfants, confiés à vos soins, seraient demain des hommes ; c'est-à-dire des gens appelés à regarder en face. Ce ne sont pas les élèves, qui portaient comme des vieilles filles le ruban bleu des congréganistes, qui défendront dans le monde la religion attaquée ; ce seront ceux que vous avez accablés de pensums et de retenues parce qu'ils étaient turbulents, parce qu'ils répondaient par une bonne taloche à l'hypocrite qui leur avait donné un coup de pied dans l'ombre.

Il avait raison, ce vieux Père Jésuite qui me disait : « Nos plus mauvais sujets au collège sont ceux qui nous donnent le plus de consolation dans le monde. »

Il faut avoir le courage de le dire : ceux qui suivent à la lettre les principes des Jésuites deviennent des névrosés. Névrosés en religion. Comment

en serait-il autrement ? Il faut arriver au dernier
degré de la névrose religieuse, de l'hystérie mystique, pour continuer dans le monde les exercices
de piété usités au collège.

Je vais toucher à un point bien délicat. (*Parlez,
parlez !*) Il n'y a pas de jeunes filles? (*Non, non !*)

La Douairière, *montrant à sa voisine une vieille fille.*

Il n'y a qu'une jeune fille prolongée.

LE DÉPUTÉ.

Je vous avertis que je vais être un peu risqué.
(*Les jolis minois s'épanouissent.*)

LA BARONNE.

Je dirai comme le P. Ollivier : faites sortir Marguerite.

LE DÉPUTÉ.

Marguerite n'est pas sortie? (*Non, non !*) Alors je
continue. (*Applaudissements.*)

Sous le rapport des mœurs les principes des Jésuites ont contribué à peupler le monde de névrosés. Sans être partisan de la cohabitation des
sexes comme à Cempuis, je réprouve ces principes
anti-féministes que l'on nous a inculqués sur les
bancs du collège. (*Très bien !*)

On devrait nous apprendre que si *les femmes* per-
dent l'homme, c'est la femme qui le sauve. (*Applaudissements.*)

J'ai entendu, pendant des retraites, des sermons
sur la pureté qui ont ouvert à ma jeune imagination des horizons qu'elle ne soupçonnait pas. La
première blessure faite à ma pureté a été portée
par la main inconsciente d'un prédicateur qui avait
décrit l'impureté dans un style naturaliste qui
aurait effrayé Zola. (*Oh! oh !*)

La seconde blessure fut portée par un surveillant qui, me voyant causer avec un camarade ami
de ma famille, voulut me persuader que nos relations étaient coupables. Et cependant comme le disait Lacordaire :

« A peine dix-huit printemps ont-ils épanoui nos
années que nous souffrons de désirs qui n'ont pour
objet ni la chair, ni l'amour, ni la gloire, ni rien
qui ait une forme ou un nom. Errant dans le secret
des solitudes ou dans les splendides carrefours des
villes célèbres, le jeune homme se sent oppressé
d'aspirations sans but ; il s'éloigne des réalités de
la vie comme d'une prison où son cœur étouffe, et
il demande à tout ce qui est vague et incertain, aux
nuages du soir, aux vents de l'automne, aux feuilles
tombées des bois, une impression qui le remplisse
en le navrant. Mais c'est en vain ; les nuages passent, les vents se taisent, les feuilles se décolorent
et se dessèchent sans lui dire pourquoi il souffre,
sans mieux suffire à son âme que les larmes d'une
mère et les tendresses d'une sœur. »

Oui, nous avons besoin d'amour. Notre âme sur

les bancs du collège s'ouvre à l'amour comme une
fleur au soleil. Nous n'avons pas besoin des sen-
sations brutales. Notre amour vit d'imagination,
de désirs vagues et d'aspirations vierges. La vision
idéale d'une jeune fille suffirait aux besoins incons
cients de nos cœurs. Mais l'éducation jésuitique
nous place entre la femme que l'on nous représente comme un démon lointain et l'ami intime qui
est le démon qui nous coudoie chaque jour. Quand
avec innocence nous nous approchons de l'ami qui
a su comprendre nos peines, y compatir et souvent
les soulager, un surveillant grincheux nous apprend
brutalement que nos relations sont vicieuses.

Nous interrogeons, avec le besoin de savoir qui
est un des charmes de l'enfance, et nous sommes
vite initiés au secret décevant de ces relations coupables qui commencent sur le banc du collège et
qui nous précipitent dans le monde au banc de la
société.

Mesdames, pardonnez-moi cette franchise que
beaucoup n'excuseront pas, mais je n'hésite pas
à déclarer que sur dix jeunes gens qui n'aiment pas
assez les femmes et qui aiment trop les hommes,
neuf sortent des collèges de jésuites. (*Mouvements
divers.*)

Je me hâte d'ajouter que l'éducation anti-fémi-
niste ne saurait complètement éloigner l'homme
de la femme. Il faudrait être une brute de vice pour
ne pas se sentir attiré vers cet être charmant, que

Dieu a semé sur les pas de l'homme comme les délicieuses pâquerettes sur les prairies verdoyantes. (*Applaudissements répétés*). Tous nous allons à la femme, mais tous n'y restent pas.

C'est l'éternelle histoire du voyageur qui plante sa tente dans un pays ensoleillé, tandis qu'un autre fuit le même coin de terre vu par une pluie persistante. Le jeune homme, qui a été élevé au collège avec la haine de la femme et l'attrait ridicule du fruit défendu suspendu à l'arbre masculin, sera vite dégoûté de la femme, s'il tombe sur une de ces farceuses qui ont la triste spécialité de recueillir cyniquement les premiers lambeaux de notre virginité. Alors ce jeune homme, qui s'est donné avec toute la fougue mystique d'un amour longtemps comprimé, reviendra à ces passions répugnantes qui ont attiré sur Sodome et Gomorrhe les foudres vengeresses de la malédiction divine. (*Applaudissements.*)

Mais qu'un jeune homme tombe sur une de ces pauvres créatures que vous méprisez, mesdames, mais qui ont encore ce que le Christ aimait tant chez Madeleine : l'amour qui se donne, l'amour qui se fait pardonner ; l'homme restera à la femme. Inconsciemment elles auront gardé pour vous des mâles, qui viendront à l'oasis du mariage, avec quelques cheveux et quelques dents de moins, mais qui seront préservés de cette triste maladie qui gagne l'Europe comme la gangrène sur un membre malade.

Et maintenant une question pratique se pose? A qui confierez-vous l'éducation de votre fils? Si j'ai le temps de surveiller moi-même son éducation, il aura un précepteur chrétien qui le conduira aux cours du lycée. Si je n'ai pas les loisirs de m'occuper de lui, je le confierai aux dominicains d'Arcueil ou d'Arcachon qui, sous la mâle direction du Père Didon font des hommes de combat. Car il faut le reconnaître, si le Père Didon est devenu un orateur ordinaire, il s'est révélé comme un éducateur extraordinaire.

Mesdames, j'ai dit ce que je pensais de mes maîtres, à vous maintenant de dire ce que vous pensez de vos maîtresses. *(Applaudissements.)*

Je demande pardon à mes maîtres de les juger si sévèrement car ils sont pour moi d'une amabilité extrême — depuis que je suis député. — *(Rires et applaudissements.)* Comme mon collègue Dupuytren ils se sont souvenus que je sortais de leur collège quand le suffrage universel m'a envoyé à la Chambre. Pour rester dans le monde un élève des Jésuites, il faut avoir réussi. *Væ victis, malheur aux vaincus,* est une devise qui pourrait resplendir à côté du mot de ralliement de la Compagnie de Jésus : *Ad majorem Dei gloriam.* Ce qui signifie en latin très libre : Tout est permis pour la plus grande gloire de Dieu.

Les dames, ayant refusé de parler, avaient

promis d'écrire et de lire le samedi suivant leurs impressions du couvent. Voici quelques-unes des lettres lues ou *plutôt que l'on aurait pu lire.*

« J'ai été élevée aux Oiseaux. Ce couvent est une volière aux barreaux dorés. Elle renferme quelques colombes et beaucoup de grues. »

Signée :

« UNE COLOMBE. »

« Je sors du Sacré-Cœur où ma fille n'entrera jamais. J'y ai connu des dames d'une bonté parfaite et d'autres qui avaient le caractère aigri des vieilles filles. Le cœur d'une religieuse est un abîme insondable. Il y entre toutes les bontés de l'ange et toutes les malices du démon.

« Je revois encore dame X... me torturant pour me faire avouer un péché que je n'avais jamais commis. Dame X... trouble souvent le sommeil de mes nuits, et comme je veux que ma petite Solange n'ait que de beaux rêves bleus, elle restera auprès de sa maman. La meilleure éducation de couvent ne vaut pas pour une jeune fille la plus mauvaise éducation de famille. »

Signée :

« UNE FEMME QUI N'AIME PAS LES CAUCHEMARS. »

« Je sors d'un couvent de province. Les sœurs zélatrices de la Sainte-Eucharistie furent mes maîtresses. J'avais le malheur d'être pauvre. Si j'avais été riche, j'aurais été choyée comme ma petite voisine qui apportait à la Mère Supérieure les plus beaux fruits de son grand jardin. Moi je n'avais que des fleurs et j'en faisais des beaux bouquets pour la Mère. Il faut croire que M\u1d50ᵉ la Supérieure préférait les fruits aux fleurs ou plutôt les souvenirs de l'enfant riche à ceux de l'élève pauvre, car on ne manquait pas une occasion de me faire sentir que mon cadeau était dédaigné. Morale : Grâce à mon mariage ma fille sera riche et je n'hésiterai pas à la mettre chez les sœurs zélatrices de la Sainte-Eucharistie. Si elle devenait pauvre, elle n'irait jamais au couvent. Je ne veux pas que ma fille souffre ce que j'ai souffert. »

Signée :

« Une grande qui a souffert
quand elle était petite. »

« J'aime bien à me confesser, surtout quand je n'ai pas la conscience trop chargée, mais je veux me confesser à des prêtres et non à des prêtresses. Or, dans mon couvent, avant d'avouer nos peccadilles à l'aumônier, nous *étions forcées* de les confier à des religieuses.

« Oui, messieurs, sous prétexte de préparer nos examens de conscience une sœur nous demandait :

« Avez-vous fait tel péché, avez-vous fait tel autre? » Et nous étions forcées d'avouer à une sœur les péchés que nous devions déposer aux pieds du prêtre. Cette coutume a donné lieu à de si nombreux abus, que le Pape Léon XIII vient d'interdire, *sous peine d'excommunication*, l'examen de conscience public dans les couvents de femmes. Enfin je n'oublierai jamais que notre couvent avait un cachot humide où les enfants prises en grippe par les sœurs restaient pendant huit jours au pain sec et à l'eau. Est-ce l'éducation qui doit être donnée à une jeune fille? »

Signée :

« UNE JEUNE FEMME QUI NE METTRA JAMAIS SES FILLES AU COUVENT. »

« Je ne récite jamais mon chapelet, car la récitation du chapelet était la stupide punition qu'une religieuse stupide nous imposait quand nous n'étions pas sages. »

Signée :

« UNE FEMME QUI AIME BIEN LA SAINTE VIERGE ET QUI NE PEUT PLUS RÉCITER SON CHAPELET. »

« Je n'ai pas été élevée au couvent, mais j'ai une fille carmélite. La règle de Sainte Thérèse veut que je ne voie plus la figure bien-aimée de ma petite Henriette.

« O mères qui aimez, voyez s'il est une douleur comparable à la mienne !

« Et cependant ne plus voir sa fille n'est rien. Il y a un supplice plus atroce à supporter, un supplice que le doux Jésus qui ressuscitait la fille de Jaïre n'eût pas imposé aux mères de Jérusalem. Non seulement je ne peux plus voir ma fille, mais je ne peux plus lui parler. A travers les grilles austères d'où m'arrivent étouffés les sons de sa mignonne voix, je sens à ses côtés le pas d'une surveillante. Oui, en plein XIXe siècle il est défendu à une mère de parler à sa fille carmélite sans qu'une étrangère épie ses réponses.

« Es-tu heureuse ma fille ? »

« Comment voulez-vous que la pauvre petite me réponde sincèrement : « Non, mère, je souffre. » Aussi j'admets très bien que nous donnions à Dieu nos filles quand il les appelle à Lui ; mais je n'admettrai jamais qu'une étrangère assiste aux colloques intimes d'une mère avec sa fille.

« Et très hardiment, très chrétiennement je demande à ce que le gouvernement impose, dans les couvents, la visite mensuelle d'un prêtre ou d'un évêque indépendant chargé de demander en tête à tête à nos filles cloîtrées : « Etes-vous heureuses ? Voulez-vous sortir ? » Ma conviction est que beaucoup diraient intimement ce qu'elles ne peuvent pas dire publiquement. »

Signée :

« Une mère bien malheureuse. »

« Je suis propriétaire d'un château perdu comme un nid de mouettes sur un rocher battu par l'Océan breton.

« Je tiens au nom des braves gens du pays à protester contre ces couvents-hôtels que des religieuses sèment commercialement sur notre côte bretonne. Il est honteux de voir des religieuses venir faire la chambre de couples illégitimes. C'est cependant ce qui se passe chaque jour en Bretagne. Si aujourd'hui l'esprit d'irréligion s'étend dans l'honnête population bretonne, on le doit à l'irritation causée par la concurrence déloyale que ces soi-disant religieuses font aux commerçants du pays. J'ai signalé le fait à Monseigneur l'évêque de Vannes. Il paraît que Monseigneur Bécel ne pouvait pas intervenir, car deux de ses parentes sont supérieures de ces guinguettes religieuses. »

Signée :

« Une chrétienne qui n'aime pas les abus. »

A ces tableaux écœurants de religieuses *fin de siècle* il faut opposer celui de toutes ces saintes filles qui ne prostituent pas leur costume dans des trafics indignes, mais qui le portent si dignement à l'ombre du cloître ou qui le promènent comme une pourpre glorieuse dans le sinistre royaume de la misère.

Il serait injuste de terminer ce chapitre sans nous courber avec respect devant tous ces braves prêtres qui sont dans ce siècle d'égoïsme et de sensualisme la vivante apothéose de la sainteté. Je vous salue, pauvres desservants de nos campagnes, abreuvés de désillusions, qui n'avez pour soutenir votre vie terne et froide que le regard inspiré, que vous tournez vers le tabernacle de votre pauvre autel de bois.

Je vous salue, héroïques missionnaires dévorés par la fièvre et je baise vos membres amaigris comme on baise la relique des martyrs anciens.

Je vous salue, victimes pacifiques des abus de toutes sortes. Je salue le prêtre qui reste prêtre avec un évêque fin de siècle, et qui trouve le courage surhumain de respecter une autorité qui s'abaisse.

Je salue le jésuite, le dominicain qui reste religieux au milieu de l'absence de religion de son ordre.

Je salue ces milliers de bons prêtres que

15.

le souffle du mal a épargnés. Je salue également ceux qui succombent mais qui savent se relever.

Je salue l'Eglise du Christ si belle et si vivante au milieu de ce siècle si vilain et si mort.

Et comme le Maître crucifié pour avoir dévoilé les abus de la sacerdocratie de son temps, je fais peu d'attention aux critiques intéressées des écrivains catholiques qui, dans l'intimité, parlent des réformes urgentes ; ce qui ne les empêche pas d'attaquer dans leurs journaux les polémistes indépendants qui les signalent à leurs contemporains.

J'ai ma conscience pour moi ! Vous devez juger, si je me moque de tous les Veuillot de la création ! ! !

CHAPITRE VII

LES RÉFORMES URGENTES

Un des reproches (malheureusement très
justifié) que les hommes au pouvoir adres-
sent à nos polémistes de l'opposition, c'est
qu'ils sont pour la plupart de merveilleux
destructeurs, mais qu'ils sont incapables de
reconstruire un édifice sur les ruines amon-
celées. Ils n'ont même pas un plan de construction à présenter au public. Ils mettent
le doigt sur la plaie sociale sans se soucier
du baume qui cicatrisera cette plaie. Ce
sont des médecins qui savent dire le nom
d'une maladie et qui sont impuissants à la
guérir. Ce reproche pourrait m'être adressé
avec justice si je n'ajoutais pas à mon livre
les quelques lignes qui vont suivre.

Je crois avoir dévoilé le mal très guérissable dont souffre la catholicité, et je suis certain que bien des polémistes qui m'attaqueront se diront en eux-mêmes : « Il a tout de même raison, mais il y a des vérités que l'on doit taire. »

Ce n'est pas mon avis. Ce n'était pas celui du Maître quand il appelait la sacerdocratie de son temps une race de vipères, ce n'était pas celui de saint Paul quand il adressait des reproches à saint Pierre, ce n'était pas celui de Louis Veuillot quand il décochait ses flèches acérées sur la poitrine épiscopale de Mgr Dupanloup, ce n'est pas encore celui des feuilles catholiques qui nous donnent depuis un an le lamentable spectacle de la désunion la plus complète au sujet de l'interprétation des ordres formels du Saint Père.

Jésus était Dieu, saint Paul était un saint, Louis Veuillot un maître, les journaux dont je parle une collectivité, et moi, je ne suis rien de tout cela ; aussi me pardonnera-t-on difficilement d'avoir la franchise que l'on excuse chez d'autres. Et cependant ai-je raison de dire que le clergé français est sous le joug d'évêques nommés par des francs-maçons ? Ai-je raison de dire que la France est le seul pays où l'évêque est le maître et souvent le mandarin de son diocèse ? Ai-je raison de dire que nos évêques qui veulent devenir archevêques, et nos archevêques qui veulent devenir cardinaux, n'aiment pas que les prêtres montrent un zèle trop apostolique ?

Ai-je raison de dire que la charité se fait sans tact dans la plupart de nos églises ?

Quel est le catholique digne de ce nom qui n'a pas été scandalisé par les nombreux trafics du sanctuaire, par l'exagération des cérémonies payantes, par le manque de solennité des services de pauvres ?

Ai-je raison de dire que les nominations ecclésiastiques se font d'une façon écœurante ? Les bonnes paroisses sont pour *les fils à papa* tandis que *les fils de leurs œuvres* sont oubliés dans les faubourgs ou dans les campagnes.

Ai-je raison de dire que la nonciature est une institution non seulement inutile mais nuisible ? Un Italien malgré toutes ses roueries diplomatiques ne connaît pas assez le tempérament français pour avoir la ridicule prétention de mener l'Eglise de France.

Ai-je raison de dire que tous les versets des Pères de l'Eglise que l'on répétera avec des gestes dramatiques pour exciter les ordres religieux à la résistance font sourire tous ceux qui savent que la comédie de l'article 7 va être reprise sur le théâtre des jésuites ?

Premier acte : Un jésuite prêche la résistance et maudit Mgr Fuzet du haut de la chaire. Fond du décor : Les ravissantes montagnes de Cauterets.

Second acte : Saisie des couvents de dominicains et de capucins. Mgr Gouthe-Soulard, mitre en tête, crosse en main, excommunie le représentant du gouvernement.

Troisième acte : Un jésuite se présente au Ministère des Finances et paye l'impôt.

Quatrième acte : Le successeur de Mgr Gouthe-Soulard dîne avec le représentant excommunié devenu un gros personnage du gouvernement.

Ai-je raison de dire que nos pauvres desservants de campagne sont dans un état voisin de la misère ? Que voulez vous que fasse un prêtre, souvent chargé de famille, avec neuf cents francs par an ? Ai-je raison de dire que les catholiques français manquent à tout leur devoir en ne créant pas une œuvre pour soulager cette misère si intéressante ?

Ai-je raison de dire que les ordres religieux comme les franciscains qui sont les saints apôtres de nos campagnes, les oblats de Marie qui sont les humbles, mais intrépides constructeurs de Montmartre, les lazaristes qui sont les missionnaires de nos plages lointaines, les chartreux et les trappistes qui sont les modèles de l'austérité, ai-je raison de dire que toutes ces congrégations nous consolent un peu des actes *fin de siècle* d'un Episcopat et d'un clergé par trop *fin de siècle* ?

Par contre ai-je raison de dire que les dominicains ne suivent plus la règle de saint Dominique, que les jésuites suivent trop celle de saint Ignace ? Que bien des religieuses que l'on nomme des mères mériteraient le titre de marâtres? Si les jésuites avaient formé des hommes nous serions aujourd'hui les maîtres de la France puisque les fils de la classe dirigeante sont sortis de leur collège.

Et qu'a fait cette classe dirigeante? Elle n'a même pas su se diriger. En fait de direction, elle nous a conduits au précipice dans lequel nous roulons avec une bonne volonté extraordinaire.

Ai-je raison de dire que les feuilles catholiques donnent au public le lamentable spectacle de la désunion qui règne dans l'Eglise?

Il n'y a pas un homme impartial qui puisse dire que mes griefs ne sont pas fondés !

Et le remède ?

Pour restreindre l'autocratie usurpée de nos évêques, il faudrait que le Pape rappelât que l'Episcopat n'a pas plus de droit en France que dans les autres nations catholiques. Je me souviens de ce brave prêtre de Suisse, me disant dans son joli presbytère baigné par le beau lac de Genève : « Votre

clergé français est vraiment admirable. Pour
ma part, ce qui excite mon admiration, ce
n'est pas la rectitude de ses mœurs ni la dignité de ses allures, c'est la patience vraiment surhumaine avec laquelle il supporte
le joug de l'Episcopat. Et, montrant la gracieuse église catholique volée par les défroqués, qui ont pris le nom de vieux-catholi-
ques, il ajouta : « Parmi tous ces pauvres
prêtres qui viennent prendre une femme et
nos églises, tous ou presque tous sont français. Ils ne valent pas cher, c'est incontestable ; mais quelques-uns, écœurés comme
l'abbé Marchal, rentrent dans le giron de
l'Eglise. Nous recevons donc les confidences
de ces enfants prodigues. Ce qui les a préci-
pités dans la voie de l'apostasie, c'est toujours
ou presque toujours un acte d'arbitraire épiscopal. Entre nous, il y en a de révoltants. Il y
a longtemps que le clergé suisse aurait construit une digue solide contre l'envahissement
de cette mer d'arbitraire. » Et comme je demandais quel était le remède à ce mal :

« Il y en a deux, me répondit l'abbé X...
Le premier est d'appeler l'attention du Saint-

Siège sur les empiétements de l'*Episcopat français*. Vous me demanderez avec raison : mais qui aura assez d'autorité pour saisir la curie romaine d'une aussi grave question ? Je répondrai que cette initiative appartient au chapitre d'une cathédrale. Il faut une occasion, c'est incontestable. L'occasion est toute trouvée pour le diocèse de Beauvais qui a un évêque notoirement indigne. Je crois que Rome relèverait très certainement de l'interdit ce pauvre prêtre frappé par Mgr Fuzet pour avoir fait une conférence contre les francs-maçons. Dans tous les cas, Rome pourrait rappeler à Mgr Fuzet que les saints canons ordonnent aux évêques de nourrir les prêtres qu'ils interdisent.

« Voilà une loi ecclésiastique qui est totalement oubliée en France.

« Le second moyen est celui qu'emploient les ouvriers pour se défendre contre les empiétements du prolétariat. Pourquoi le bas clergé ne serait-il pas syndiqué ? Ce syndicat n'aurait évidemment pas pour but d'entrer en guerre avec les évêques. Il serait fondé pour faire triompher toutes les revendications justes. Mais voyez-vous sa force quand un Fuzet quelconque commettrait un acte d'arbitraire contre un des membres?

« La cause serait portée à Rome non pas par une individualité suspecte (car les gens frappés sont toujours suspects), mais par une collectivité respectable et respectée.

« Ce moyen vous paraît trop radical, vous verrez dans dix ans! Que le gouvernement vous donne encore dix Fuzet et le syndicat s'impose de lui-même, non plus pour défendre tel ou tel prêtre mais pour sauvegarder les droits de l'Eglise de France. Les ordres religieux n'agissent pas autrement envers l'Episcopat. Les évêques sont obligés de traiter avec le chef de la Congrégation. Le supérieur d'un ordre religieux n'est pas autre chose qu'un représentant de syndicat. »

Mon honorable interlocuteur avait raison. Et j'ai appris depuis que ce mouvement syndicataire s'étendait de plus en plus dans le clergé.

Quant à la réforme de la charité ecclésiastique, elle s'impose. Pour ma part, je crois qu'elle ne se fera efficacement dans les paroisses parisiennes, que lorsqu'un vicaire sera *exclusivement* chargé de la répartition des aumônes des fidèles. Dans chaque paroisse il devrait y avoir *un aumônier des pauvres*, ayant fait des études d'économie sociale, consacrant toute sa vie à ce bel apostolat et pouvant, par ses connaissances et son zèle, laisser dans chaque paroisse une œuvre utile. Ce ministère me semble plus intéressant que celui qui consiste à passer six ans de sa vie dans la retraite d'un séminaire, pour tenir tous les matins un beau cierge de deux francs près du corps d'un banquier ou d'une cocotte.

J'ai dit que la nonciature était une institution nuisible : entendons-nous. Je reconnais très bien l'utilité d'un représentant du Saint-Siège auprès des gouvernements catholiques, mais je n'admets pas qu'un étranger, et surtout un Italien, vienne diriger l'Eglise de France. Pourquoi, s'il vous plaît, le Pape ne nommerait-il pas un Français en France, un Anglais en Angleterre, un Russe en Russie, etc., etc? On m'objectera que la diplomatie italienne est la première diplomatie du monde. J'ai dit en quoi elle consistait pour les nonces qui se sont succédé à Paris. On ne me fera jamais croire que le cardinal Lavigerie, par exemple, était un diplomate inférieur aux Czaski, Di Rende ou Ferrata.

Croyez-vous que le nonce du Pape en Amérique n'est pas nuisible au cardinal Gibbons ? Il l'est tellement, que l'illustre Episcopat américain ne manque pas une occasion de l'envoyer promener.

Quand donc le Vatican comprendra-t-il que l'Eglise est catholique et qu'elle n'est pas Italienne ?

Quand donc cessera-t-on de jouer sur les mots en prétendant que saint Pierre ayant établi son siège à Rome, tous les Papes doivent être Italiens?

Quand donc se souviendra-t-on que la France est la fille aînée de l'Eglise ? C'est grâce à notre argent que les cardinaux italiens, qui nous détestent presque tous, ne mangent pas du macaroni d'un bout de l'année à l'autre ! C'est grâce à nos missionnaires que l'Evangile du Christ est annoncé

chez les peuplades barbares ! Léon XIII, qui
est le plus grand Pape des temps modernes,
s'est bien vite aperçu de cette animosité
universelle qui règne contre tout ce qui
approche l'Italie.

Quand il réunit les patriarches orientaux
pour jeter les bases de cette union des
Eglises qui est un rêve, mais un beau rêve,
son premier mot est celui-ci : « Vous gar-
derez toutes vos prérogatives, vous vous di-
rigerez vous-même ». Ce qui revient à dire:
« Vous n'aurez pas d'Italiens chez vous. »
Et ce que le Pape dit aux nations schisma-
tiques de l'Orient, il le dit aux peuples héré-
tiques de l'Angleterre.

Et nous, catholiques français, chaque
jour insultés par ce misérable peuple dont
nous avons fait l'unité, nous subissons sans
rien dire le joug de l'Eglise italienne. C'est
le Nonce qui choisit nos évêques et qui nous
dit comment nous devons penser en politique !

Et le remède ? C'est aux gouvernements
catholiques qu'il appartient de faire comprendre à Rome que nous ne voulons plus

jouer dans les conclaves la comédie des mi-
norités.

Comment ! l'Italie à elle seule possède plus
de cardinaux que toutes les autres nations
réunies, et l'on a le toupet de nous dire, quand
le gouvernement reste trois mois sans donner un chapeau vacant : « Vous compro-
mettez les intérêts de la France, qu'arri-
vera-t-il si le Pape meurt demain, notre
pays sera insuffisamment représenté. »
Voyons, voyons, vous n'êtes pas sérieux dans
votre argument. Mais quand le gouvernement donnerait tous les chapeaux que le
Pape veut bien accorder à la France, vous
oubliez que cette distribution est faite de telle
façon que la majorité doit toujours rester à
l'Italie. De quel droit, s'il vous plaît ?
Voyons, monsieur Hanotaux, on dit que
vous êtes un homme intelligent et audacieux. Ayez donc l'intelligence et l'audace
de vous entendre avec les nations catholiques, pour que les pays étrangers réunis
aient au moins le même nombre de cardinaux que l'Italie.

Si le ministre des Affaires étrangères ne

s'occupe pas de cette question, il appartient aux députés indépendants de tous les Parlements européens de la mettre à l'ordre du jour. Quel est celui qui commence ? Je prédis à cet orateur un renom universel et je doute que Mgr d'Hulst puisse le contredire du haut de la tribune française.

Quant au droit d'accroissement, c'est la bouteille à l'encre.

Ecoutons d'abord M. de Rorthays dans sa récente brochure. « Sans commettre aucune indiscrétion, il est permis d'affirmer qu'à l'heure actuelle, *la majorité* des cardinaux, des archevêques et des évêques *refuse* de s'associer aux conseils de *résistance* à la loi fiscale. Ce n'est pas une appréciation fantaisiste, ajoute-t-il, c'est un fait » (p. 29).

Ecoutons ensuite le P. Le Doré dans la préface de ses nouvelles *Considérations* : « Le résultat de l'enquête générale est maintenant connu. *En grande majorité,* les congrégations autorisées et non autorisées d'hommes et de femmes *ont été amenées à choisir* pour règle de conduite l'*attitude passive.* C'est à leurs yeux l'unique moyen de sauvegarder leur dignité de Français et de chrétiens, peut-être même, si c'est encore possible, leur existence, leurs œuvres, et surtout les intérêts et les droits de la sainte Église. »

Qui croire? De quel côté est la majorité?

Pour ma part, je crois que ces deux auteurs ont raison.

Pour émouvoir la galerie, les jésuites, les dominicains, les capucins, les sœurs enseignantes ou contemplatives de Pontoise refuseront de payer pour des couvents dont ils veulent se défaire tandis qu'ils s'empresseront de payer à Paris pour des immeubles qui valent des millions.

Je me garderai bien de donner mon humble avis dans cette délicate question. Il y a un conseil qui est excellent et qui dit de ne pas mettre la main entre l'écorce et l'arbre. Si j'étais évêque, je dirais aux congréganistes qui auraient recours à mon avis: « Vous avez des supérieurs à Rome ou ailleurs qui ne manquent pas une occasion de proclamer l'indépendance des ordres religieux vis-à-vis de l'autorité épiscopale. Adressez-vous à ces supérieurs. » Aussi je persiste à croire que, dans cette question, les évêques qui ont gardé le silence ont été les mieux avisés. Je les imite. Nous jugerons les coups.

De toutes façons, que les religieux se soumettent ou qu'ils résistent, les catholiques ont une belle occasion de protester et de créer un véritable mouvement d'indignation. Parmi les ordres qui vont être atteints par cette odieuse loi fiscale, nous remarquons deux congrégations de femmes qui ont les sympathies et l'admiration de tous. J'ai nommé les admirables filles de la Charité ou sœurs de Saint-Vincent-de-Paul et les non moins admirables petites Sœurs des pauvres. Autour de ces deux ordres, et de quelques autres qui se dévouent aux mêmes misères, on peut créer un véritable mouvement.

Il est évident que la saisie des guinguettes-couvents des plages bretonnes et de certains autres qui leur ressemblent, ne saurait en aucune façon soulever l'indignation

publique. Car il ne faut pas se le dissimuler,
les ordres de femmes encombrent toute l'é-
chelle commerciale. Jusqu'à ce jour, nous
savions que les religieuses étaient pour, la
plupart, des femmes sages, mais nous igno-
rions qu'il y avait parmi elles des *sages-
femmes*. Ce couvent existe cependant à Paris,
rue du Rocher.

Laissons donc ces ordres nuisibles aux
prises avec le fisc, et occupons-nous des sœurs
de Charité sur la guimpe desquelles nos gou-
vernants persécuteurs sont forcés d'attacher
la croix des braves aux applaudissements
unanimes de toute une population.

Une députation des religieuses décorées
par le gouvernement de la République (et
elles sont nombreuses) devrait partir à
pied de la maison-mère et se rendre au
Palais-Bourbon. En tête, marcherait cette
vénérable supérieure de l'hospice de Périgueux à qui M. Félix Faure offrit le bras
pour la présenter à la foule désireuse de
saluer le ruban rouge qu'on venait de lui
donner.

Je ne connais rien de plus beau que cet

épisode du voyage présidentiel, et j'espère bien qu'un peintre exposera au prochain Salon le Président de la République avec sa belle taille, donnant le bras à une bonne vieille sœur, ridée comme une pomme trop mûre.

Donc, la supérieure de Périgueux ouvre la marche suivie de ces milliers de sœurs décorées et médaillées sur le champ de bataille en 1870. Toutes portent ostensiblement là croix des braves. Au Palais-Bourbon, elles font appeler un député de chaque groupe depuis l'extrême gauche jusqu'à l'extrême droite, et la supérieure de Périgueux fait ressortir au nom de tous les ordres charitables, l'iniquité de la loi fiscale.

Du Palais-Bourbon elles se rendent à l'Élysée porter leurs doléances à M. Félix Faure qui est un honnête homme.

Voyez-vous cette manifestation grandiose? Cette journée deviendrait peut-être historique et si elle mérite un nom, je n'en vois qu'un : *La journée de l'apothéose de la Charité!*

Et ce que feraient les religieuses, les religieux le feraient le lendemain. Ici encore, il serait utile de faire une sélection. Les Récollets de la rue de Puteaux ouvriraient la marche avec la multitude des miséreux nourris par le pain de Saint-Antoine. Derrière eux, nos missionnaires décorés pour avoir planté le drapeau de la France sur les plages lointaines, entourés des jeunes lévites qui vont s'embarquer pour remplacer ceux que la fièvre ou le glaive ont décimé. C'est au ministère des Affaires étrangères que devrait se rendre cette députation, et c'est le P. Dorgère, qui a sauvé l'honneur de notre drapeau au Dahomey, qui devrait prendre la parole. « Par votre loi fiscale, dirait-il, vous voulez donc ruiner les couvents qui élèvent des missionnaires français pour les pays les plus lointains? Vous voulez donc que ce soient les missionnaires anglais qui puissent arriver avant nous? L'histoire de l'influence protestante à Madagascar ne vous sert donc pas d'exemple? Si vous tarissez la source des vocations dans les ordres religieux qui ont presque tous des missionnaires à l'étranger, vous livrez à l'Italie, à l'Allemagne et à l'Angleterre, les pays étrangers sur lesquels nous excercions une influence patriotique et religieuse. »

Qu'est-ce que pourrait répondre le ministre des Affaires étrangères?

Il répondrait sans doute comme Gambetta :

« L'anti-cléricalisme n'est pas un article d'exportation. »

Quant à la situation des curés de campagne, il appartiendrait aux Congrès catholiques de rechercher à l'améliorer matériellement et moralement. Mais pour cela, il faudrait des Congrès catholiques tandis que nous n'avons que des *Congrès d'admiration mutuelle.*

J'ai dû, pendant trois ans, assister à notre Congrès de Paris. Les catholiques seront d'accord avec moi pour reconnaître que l'influence de ces assemblées est absolument nulle. Comment se fait-il qu'en Allemagne, en Suisse, en Autriche, en Belgique, les Congrès catholiques prennent les proportions d'un événement national et qu'en France ils passent inaperçus non seulement parmi les adversaires de l'Eglise, mais même parmi les catholiques? La raison de cette différence est bien simple. Les pays étrangers ont un parti catholique et des chefs catholiques. En France, nous n'avons rien de tout cela. Nos chefs sont de vieux invalides qui ont perdu, depuis vingt ans, toutes les batailles. Pas une idée neuve ne germera dans leur étroite cervelle.

Allez entendre le leader des Congrès catholiques, M. Chesnelong, et vous serez écœuré en constatant que tous ses discours ne sont qu'un long et souvent éloquent panégyrique.

L'encensoir ne chôme pas! Résultat définitif : « Comme tout est bien, il n'y a rien à changer. » C'est logique! Tant que nos vieux invalides du parti catholique ne comprendront pas qu'ils sont usés, archi-usés, l'Église de France restera la proie facile de la franc-maçonnerie juive et protestante.

Nous n'avons que ce que nous méritons.

Car il ne faut pas se le dissimuler, nous donnons à nos ennemis un triste spectacle. La désunion entre catholiques s'affiche cyniquement dans les feuilles de chou qui ont la prétention de parler au nom de l'Église. L'*Univers* qui n'a plus de dents fait des efforts séniles pour mordre la *Vérité*. Le directeur du *Monde*, l'abbé Naudet, parcourt la France pour dénigrer la *Libre Parole*. C'est à croire que Rothschild, qui est le roi de ce Monde, est également le roi du *Monde*.

Il en faut peu pour alimenter les polémiques de ces singulières feuilles. Pendant six mois on bataille sur un texte d'encyclique.

En province, les *Semaines religieuses* discutent la question suivante qui passionne l'organe *officiel* de l'archidiocèse de Lyon. Nous lisons, en effet, dans la *Semaine religieuse de Lyon*, du 20 septembre 1895, n° 43 :

Le scapulaire de Notre-Dame du Carmel. — Il serait de la plus grande importance pour le bien des âmes et la gloire de Marie, de porter le fait suivant à la connaissance des prêtres et des fidèles.

Il y a quelques jours, un Père de Lourdes prévenait les fidèles du haut de la chaire qu'il existait de *faux* scapulaires chez un grand nombre de marchands d'articles de piété. Or je venais moi-même d'acheter un grand nombre de scapulaires pour les distribuer à Lyon. Je n'eus pas de peine à constater que j'avais été trompé et que tous mes scapulaires étaient en drap *feutré* et non en drap *tissé*. Donc tous ces scapulaires étaient irréguliers puisque la matière nécessaire du scapulaire est la laine *tissée*. Rentré à Lyon, je m'empresse de visiter un grand nombre de marchands d'objets de piété (dont plusieurs à la montée de Fourvière), et j'ai eu la tristesse de constater qu'il en est à Lyon comme à Lourdes ; on vend généralement des scapulaires en laine feutrée et non en laine tissée. Pris d'un doute en présence d'une conduite si uniforme de nos meilleurs marchands, je suis allé consulter le R. P. Prieur des Carmes et lui ai présenté les échantillons que je possédais. Voici sa double réponse :

1° Ceux qui ont été reçus avec de tels scapulaires n'appartiennent nullement à la confrérie de Notre-Dame du Carmel ; 2° ceux qui portent de tels scapulaires ne jouissent d'aucun privilège et ne gagnent aucune indulgence. Ces réponses ne laissant plus aucun doute, j'ai cru de mon devoir de prêtre de vous envoyer ces lignes pour que vous ayez la bonté de les insérer dans votre *Semaine religieuse*.

Permettez-moi d'ajouter qu'il est très facile de distinguer les scapulaires tissés des scapulaires feutrés. Les premiers seuls peuvent se défiler et les derniers ne donnent que de la bourre, lorsqu'on les tire sur les bords.

Entendez-vous le Christ recevant une députation chargée de lui demander si c'est avec le drap *feutré* ou le drap *tissé* que l'on peut arriver au royaume du Ciel, et répétant sa divine parole : « La lettre tue et l'Esprit vivifie. »

Pour gagner la victoire facile qui appartient aux catholiques (j'ai dit facile, parce que les catholiques ont le droit, le nombre, l'intelligence, les bonnes mœurs et la fortune), pour gagner cette victoire il faut l'union.

Faisons comme les braves gens qui veulent éteindre un incendie : faisons la chaîne, donnons-nous la main.

Que par nos mains unies passe l'eau de la charité qui éteindra les flammes dévorantes de la misère.

Voilà vingt ans que nous tremblons sous la botte de panamistes, de sudistes, de juifs, de protestants. *Sursum corda*, haut les cœurs !

Que Dieu nous envoie un chef pour pousser ce cri.

Ce jour-là, nous serons les vainqueurs.

Le gouvernement le sait bien.

Mais le *sursum corda*, poussé par les chefs
actuels, nous fait l'effet du *sursum corda* qui
arrive en mer. Il donne des nausées.

Allons, un chef pour les catholiques de
France! La place est vacante.

Qu'il sorte d'une chaumière ou d'un palais,
nous le saluerons comme un libérateur!!!

TABLE DES MATIÈRES

IMP. NOIZETTE, 8, RUE CAMPAGNE-PREMIÈRE, PARIS.